JN122848

漢字論のこころみ

斉藤　正利

むぎ書房

はじめに

この「漢字論のこころみ」は、『にっぽんご7　漢字』(明星学園国語部 著. むぎ書房刊) の具体化・焦点化をめざしたものです。が、いくつか書き加えた項目があり、直接的なつながりをもたないところもあります。不勉強なために、まちがいや至らない点が多々あると思いますが、現代日本語のより豊かな漢字論がかかれるための、捨石としての役わりがはたせるなら本望です。本稿では『にっぽんご7　漢字』のなかの奥田靖雄氏の読み物ふうの説明文から、紹介をかねて多く引用させていただきました。氏の説明文がひじょうに的確なすぐれたもので、私の力で書きかえては不正確で冗漫になることを怖れました。直接 本文にあたってもらえれば、幸いです。

本稿は、今から11年ほどまえに書いたものです。当時、アメリカがイラク侵略戦争をひきおこし、そのとき日本は「国際貢献」という漢語の美しい響きにひきずられて戦争に協力してしまいました。また、この時期には「ういた (消えた) 年金問題」もおこりました。この問題でも、私は台帳を電算化する過程で漢字がからんでいたと、みています。以上は、わかりやすい例をあげてみたものですが、このように、漢字は私たちの日常とふかく結びつき、私たちの意識に浸透しています。このあたりで、客観的・冷静に漢字と私たちとの関係を根本的にとらえなおしてみることが必要ではないか？　この拙稿は、そうした問題意識を反映したものです。

この「こころみ」は、当時「タカノハ会」という読書会のサークル会報に連載でのせていただきました。タカノハ会の会報がなかったら、本稿はうまれていなかったでしょう。そうした意味でも、タカノハ会には感謝しています。書きすすめるなかで、東京外国語大学名誉教授の湯本昭南氏から、要所で貴重な助言をいただきました。また、私が参加していた教科研・国語部会の集会のレポートからも多くの示唆をえています。いただいた資料を活用させてもらったところもあります。ここに記して、心より御礼もうしあげます。

さいごになりますが、私ごとき者の出版をこころよく受けいれていただ

いたむぎ書房社長 片貝茂之さんに深く感謝もうしあげます。

2020年11月　　　　　　(コロナ禍のなかで)　　　　　斉藤　正利

＜お断り＞　本稿の表記について

世間一般では、接続詞について、たとえば「では」「あるいは」のように表記されるのが普通ですが、本稿では「でわ」「あるいわ」と表記しました。それは、全体として接続詞であって、助詞ではない、と考えるからです。そのように、ご承知ねがえればと思います。

・も　く　じ

1　<字形･字体>1　当用漢字字体表の字体に関する「使用上の注意事項」

問　<　木、牛、月　>　「木」、「牛偏」、「月」をかきました。**木**ははねますか、はねませんか？　**牛**ヘンははねますか、はねませんか？　**月**の一画目ははらいますか、とめますか？

たぶん、みなさんは、**木**ははねない、**牛**ヘンもはねない、**月**ははらうと、ならっただろうと思います。そう覚えてまちがいではないし、それであっているのですが、じつはどちらでもよい、拘束はしない、という規定があるのです。そこには、つぎのように書かれてあります。**（P.4参照）**

先ほどの木・牛ヘン・月の場合は、(5)の「とめるかはらうか、とめるかはねるかに関する例」にあたるわけですね。でわ、(1)からじゅんに、注意事項がなにをさしているのか、確かめてみましょう。(1)から(6)まで、漢字の部分について「必ずしも拘束しない」という例をみてきましたが、「必ずしも拘束しない」と、**ことわりがき**されている、その「こころ」は、なんなのでしょうか？　たぶん、それは、“ちいさな、問題とするに足らないちがいであり、許容すべき範囲である”ということなのだと思います。そこで考えてほしいのは、なぜこのことが、わざわざ「使用上の注意事項」として明記されているのかという、その理由です。

これはかってな推測であり、まちがっているかもしれませんが、こんなふうに考えました。ひとつは、文字は相手に意思をつたえるための道具であり、その役割さえはたせるものなら、それで十分であるということです。文字として通用すれば、いいわけです。

二つめは、文字は人類がながい歴史のなかで、時間をかけてつくりだしてきたものであり、ひとつの絶対的な形があったわけでは、もともとない、ということです。社会的な便宜のために、一応の字体を書家（あるいわ機関や研究者）がさだめたものにすぎない、ということです。

三つめは、文字は人間が手で筆記用具をつかって書くものであり、個々の人間によって多少のちがいがでるのがあたりまえだということです。**じょうず**、**へた**のちがいもあれば、いそいで書いて**みだれ**のでることもあり、成長の発達段階もある。場合によっては、その人がケガや障害を負っていて、苦労して書いた文字であるかもしれません。几帳面な性格とか、おおらかな性格とか、その人の人がらによっても、違いがでてくるでしょう。だから、あまりに些細なちがいを問題にすることは、かえって社会的にマイナスで、よけいな摩擦をおこしかねない、ということなのかもしれません。

以上、「使用上の注意事項」がわざわざ付けくわえられていることの、理由を考えてみました。が、断っておきたいことは、あたりまえのことですが、だからといって、「文字を適当に、いいかげんに書いていい」ということではない、ということです。お手本に忠実な、正しく美しい、しっかりとした字を書くことがもとめられます。しかし、そうだとしても、私たちが教える立場にたったとき、こうした規定が存在する趣旨をふまえて無用な強要を自制することは、とても大切なことだと思います。

昭和56年、常用漢字表が告示され、当用漢字表は廃止されました。字体についての常用漢字表の言いまわしは、当用漢字表のような直接的な言い方をさけて、デザインのちがい;表現の差であるという間接的な表現をとっています。そのため、後退している印象をいなめませんが、「とらえ方のうえでは基本的な差はない」ものと、考えてよいだろうと思います。

……現在、一般に使用されている各種の明朝体活字には、同じ字でありながら微細なところで形の相違のみられるものがある。しかし、それらの相違は、いずれも活字設計上の表現の差、すなわちデザインのちがいに属する事柄であって、字体のちがいではない、と考えられるものである。つまり、それらの相違は、字体の上からは、まったく問題にする必要のないものである。

……常用漢字表では、個々の漢字の字体を、明朝体活字のうちの一種を例にもちいて示した。このことは、これによって筆写の楷書における書き方の習慣をあらためようとするものではない。字体としては同じであっても、明朝体活字の形とのあいだには、いろいろな点で違いがある。それらは、印刷上と手書き上のそれぞれの習慣の相違にもとづく、表現の差とみるべきものである。

……漢字の指導においては、学年別漢字配当表に示す漢字の字体（＝教科書体活字）を標準とすること。（小学校学習指導要領　S.52.7）

＊　この「標準とすること」という文言が曲解され一人歩きをはじめると、瑣末な部分での強要が合理化されるおそれがある。

……漢字を書くさいの指導にあたっては、教科書の教材のなかに示されている文字の形にしたがって指導するであろうが、教科書およびその他の図書によっては、活字の細部に多少の相違があるので、児童の書く文字の正しさを評価する場合には柔軟な態度が望ましい。（小学校指導書国語編　S.53.5）

……児童・生徒が硬筆などで記憶の再現をはかって実現した文字の形に関しては、目くじらたてて文字の骨格の枝葉末節にあたる部分について、あげつらうようなことがあっては、かえって学習意欲を阻害することとなり、漢字学習を嫌いにしてしまう原因ともなるだろう、と配慮しておく必要がある。一応の文字の実現があればよしとし、文字の形をお手本そっくりそのままに細部にわたって欠損せずに再現させるというような厳格な補正は、評価とは別の次元であたたかくする、という配慮がほしい。筆順も画数も、じつわ文字の全体像を記憶し再現するための手がかりであって、それ自体に目的性があるとはしない。筆順にしても画数にしても、楷書体の文字の形をつくりあげるために、歴史的に人々がどのように処理してきたかを跡づけなぞっているのであって、また、いずれも唯一絶対の手がかりとすべきではなく、一応のよりどころである。

（小林一仁　文部省教科調査官　S.57当時）

＊　常用漢字表では、字体について、（付）字体についての解説　1．明朝体活字のデザインについて　2．明朝体活字と筆写の楷書との関係について

――　・明朝体活字に特徴的な表現の仕方があるもの　・筆写の楷書ではいろいろな書き方があるもの――の項目を立ててふれている。

＝官報〔号外第 32 号〕内閣告示第 1 号（昭和 24 年 4 月 28 日）
当用漢字字体表」の字体に関する「使用上の注意事項」＝

〔使用上の注意事項〕

一、この表の字体は、活字字体のもとになる形であるから、これをみんちょう体・ゴシック体その他に適用するものとする。

二、この表の字体は、これを筆写（かい書）の標準とする際には、点画の長短・方向・曲直・つけるかはなすか・とめるかはねるか又ははらうか等について、必ずしも拘束しないものがある。そのおもな例は、次の通りである。

(1)長短に関する例
雨雨　商商　戸戸　無無

(2)方向に関する例
風風　比比　仰仰
言言言　ネネ　主主
糸糸　年年

(3)曲直に関する例
子子　手手　空空

(4)つけるかはなすかに関する例
又又　文文　月月　果果

(5)とめるかはらうか、とめるかはねるか、に関する例
奥奥　隊隊　公公
角角　骨骨
木木　来来　牛牛　糸糸

(6)その他
北北　女女
人人　入入　令令

2　<漢字の造語力>

問　「漢字は造語力がすぐれている」とはよく言われることですが、なぜそれほど造語力が高いのか考えてみたいと思います。

正確に専門的に言おうとすれば、きっとむずかしい問題があるのでしょうが、単純化してごくおおざっぱに考えると、漢字の数が多いために、たとえば二字漢語にかぎってもその組み合わせが膨大な数にのぼるから、というふうにいえるのではないかと思います。使用される漢字の数を仮に3,000としても、3,000から2をとる順列は百万の単位になりますし、日本語では音読みと訓読みの別がありますから、さらに数はふえることになります。じっさいは、もちろん何でも組み合わせられるというわけではなく、結びつきがなりたたない場合も多いはずですが、機械的な可能性はのこります。しかも、漢字はひとつ一つが独自の字形をもち、視覚的な弁別性があって造語成分としての独立性が高いため、だれもが二つの漢字をならべることで簡単に造語ができます。私たちが「漢字は造語性にすぐれている」というとき、たぶんその潜在的な数的可能性のわかりやすさとともに、和語や外来語と比較しての造語の簡便さと、造語した単語の形体的な明らかさを、ひっくるめて指していることが多いのではないかと考えます。

問　生活のなかで「漢字の特性」「漢字の簡便な造語力」を生かした造語がよくみられます。よんでください。

松坂、粘投！　巨人、爆勝！　阪神、三連笑！　豆富（豆腐）
乱セ（乱世）　エース、復肩！（復権）　酷電　護美箱
横浜、惨連敗！　望年会（忘年会）
安馬、粘力（念力）のうっちゃり

スポーツ新聞の見出しに多いのですが、生活のなかでも、このような漢字の表意性や表音性をいかした造語をよく目にしますね。このような造語

は臨時的でめあたらしく、漢字のおもしろみや作者の機知を感じさせて、私たちを楽しませてくれます。漢字の単語文字という性格がこうした漢字あそびのたぐいを可能にするのでしょうが、漢字が愛好されるひとつの理由になっているように思います。

問　次は法令用語改正要領（S. 29 内閣法制局、S. 56 改正）からの**ぬきがき**です。これを読んでどんなことを思いますか？

（A）　次のものは、一般に用いられるものだけを残し、一般的でないものは、他の表現を考える。

遺棄―委棄（用いない）　　会議―開議（用いない。たとえば「会議を開く」とする）

開示―戒示（用いない）　　看守―監守（用いない）

技官―技監（用いない）　　不正―不整（用いない）

（B）　まぎれやすい次のものは、一方または双方を一定の形に言いかえて用いる。

解任―改任（→改めて任ずる、交代）　　看護―監護（→監督保護）

看守―管守（→保管）　　法令―法例（→準拠法令、法令の適用関係）

管理―監理（→監督管理）　　規定―規程（→規則）

起因―基因（→基づく）　　詐欺―詐偽（→偽り）

正規―成規（→所定）　　調整―調製（→作成）

干渉―管掌（→つかさどる）　　表決―評決（→議決）

報償―報奨（→奨励）　　保佐人―補佐人（→補助者、補助人）

商標―証票―証標―証憑　　証票（→証明書、証片、証紙）

証標（→徴票、印）　　証憑（→証拠）

（C）　次のものは、統一して用いる。（同音語）

改定―改訂（→改定）　　干渉―関渉（→干渉）

関与―干与―干預(→関与)　　紀律―規律(→規律)
規正―規制―規整(→規制)　　計理―経理(→経理)
交代―更代（→交代)　　作成―作製(→作成)
消却―銷却(→消却)　　侵害―浸害(→侵害)
提出―呈出(→提出)　　主管者―主幹者(→主管者)
状況―情況（→状況)（常況→常の状況)
提示―呈示(→提示、示す)　　定年―停年(→定年)
統括―統轄（→統括)　　和解―和諧(→和解)
配布―配付（→配布)（配賦→割当て)
破棄―破毀（→破棄)　　表示―標示(→表示)
総括―総轄(→総括)　　参酌―斟酌(→参酌)

（D）　次のことばは、統一して用いる。(類義語)
改定―改訂(→改定)　　証拠―証徴―証憑―憑拠(→証拠)
趣意―意趣―趣旨(→趣旨)　　正当な理由―正当な事由(→正当な理由)
左の―次の(→次の)　　交代―更迭―更代(→交代)

（E）　一般に通じやすい表現に改める。
医籍→医師名簿　　勧解→和解勧告、和解を勧める
監護→監督保護　　毀棄→損壊または廃棄
漁撈→水産動植物の採捕　　誹毀→名誉損傷
蚕蛹→蚕のさなぎ　　臨検→立入検査

（F）　わかりやすい日常語に改める。
遺脱→(判断を～)し忘れる　　違背→違反
拐引→かどわかす　　開披→開く
擁壁→囲い　　具有→有する
戸扉→戸　　枝条→枝
思料→考える　　尽了→終わる

論示→示す、諭す　　　成造→作る
送致→送る、送付　　　蔵匿→かくまう
盗取→盗む、　　　房室→室、部屋

こうしてあらためて見てみると、漢字の造語力の豊かさを再認識させられる一方で、戦前においてはいかに難解な漢語が多かったかがしのばれます。とどうじに、戦後の民主主義の高まりのなかでの、日本語をわかりやすくしたいという願いをうけた、漢語の統合・整理の過程がかいまみられます。このなかでは、よく指摘されるまぎらわしい同音語の問題とともに、漢字の造語力のべつの一面がよみとれるように思います。いわく「漢字の造語力はすぐれ過ぎている」とも言えるのではないか？　漢字に造語力がありすぎるがゆえになくてもかまわない、似たような「擬似・似非単語」が乱造され、必要以上に日本語をむずかしくしてしまっているのではないか、という一面を。そして、そこには、漢字のちがいに目をうばわれるあまり、単語としての意味的な差はほとんど知覚できないにもかかわらず、漢字が異なるという**みかけ上の**理由から、すべてをなべて同列の単語とみなしてしまう、漢字偏重があるような気がするのですが……。それは、単語にこそ文の構成単位としての正当な価値を置くべきところを、たんなる表記要素にすぎない漢字に、不当にも単位的な意義をみとめようとする、私たちの基本的なあやまりからくるもののようにも思えます（小異にとらわれ、大同をみうしなった結果として）。

この点の正否はさておき、漢字の造語力をもろ手をあげて礼賛するのではなく、その反作用の面にも注目してみることが大切では？と考えるのですが、どうなのでしょう？　（音節または音節連続を造語成分と考えれば、必ずしも漢語だけが和語や外来語に比して数的レベル面での造語力がとくに高いとは言いきれないような気もしますが、そのへんのところは専門的すぎて、よくわかりません。）

3　<字形・字体>2　　旧字体・新字体

問　なんという字でしょう？　よめますか？

邊　廣　濱　壽　櫻　佛　國　當　畫

賣　藥　麥　猪　體　號　點　黑　靑

險　鷄　敎　聽　鐵　氣

ここにしめした漢字は戦前につかわれていた「旧字体」といわれるものです。いま私たちがならっている漢字を「新字体」といいますが、新字体では「辺　広　浜　寿　桜　仏　国　当　画　売　薬　麦　猪　体　号　点　黒　青　険　鶏　教　聴　鉄　気」にあたります。くらべてみてどうですか？

旧字体の漢字は新字体の漢字にくらべると難しい感じがします。みなさんは漢字を勉強していて、やっかいで面倒だなと、おもったことがあると思いますが、それでも新字体の漢字は、旧字体の漢字とくらべれば、かなりやさしくなっている、ということがわかりますね。

新字体の漢字といいましたが、新字体の漢字は、第二次世界大戦後、日本が民主主義国家として出発したとき、国語・国字改革の一環として旧字体の漢字にかわって告示されました。それは、制定された当用漢字表の趣旨を徹底させ、漢字の読み書きを平易にし、正確にすることをめざしたものです。新字体の漢字は、画数が整理されてずいぶんすっきりし、読み書きがやさしくわかりやすくなったことが確認できます。この新字体の選定にあたっては、「異体（字）の統合」「略体（字）の採用」「点画の整理」などがはかられ、「筆写（筆記）の習慣」「学習の難易」が考慮され、「印刷字体（活字体）と筆記（筆写）字体のできるだけの一致」が、たてまえとされました。でわ、それがどういうことなのか、具体的にみてみましょう。

問　この漢字をみてください。なにか気がつくことはありませんか？

ちがいはありますが、本来はおなじ字のようです。このような字を異体字といいます。異体字がたくさんあると、まぎらわしく混乱もし、不便です。それで、新字体の選定にあたっては、異体字の統合がはかられました。異体字がうまれた理由としては、歴史的な経緯（場所や時代など）もあると思いますが、漢字の字体の複雑さからくる筆写のまちがいが定着してしまった、という場合も多かったのではないかと想像されます。

問　でわ、こんどはこの漢字をみてください。なんという文字ですか？
見ていてなにかわかったこと、気がついたことがありませんか？

圓から円へ

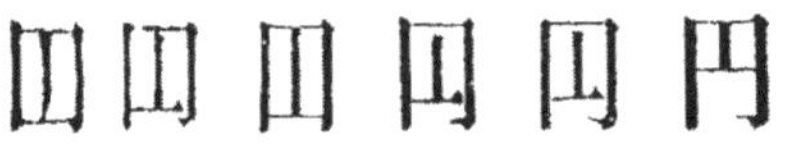

「円」の活字形の変遷（文化庁文化部国語課編『明朝体活字字形一覧』平成11より）

「日本の漢字」岩波新書

すでに平安時代の空海の書にも、員の部分を｜でくずした略字①がみられます

これは略体字が新字体として採用された一つの例です。みなさんは漢字の書き取りの宿題で、途中で面倒くさくなってしまって、乱ぼうに書いて、お母さんや先生に注意されたことはありませんか？　ノートに 3〜4 回ならまだしも、一列 10 回ずつとか 12 回ずつ書いてきなさいという宿題がだされると、いやになってしまうことがありますよね。とくに画数の多い漢字の場合には、ひとつ書くのにさえ、手間がかかります。それで、昔から人々は、自分のメモ書きなどの場合には、自分さえあとで読んだときにわかればよいので、画数をはぶいてはやく書こうとしました。こうして略体字がうまれました。略字は、誤字というわけではありません。正しい文字をしっていて、略すのですから……。新字体の**円**は旧字体では**圓**でしたが、昔から、なかの部分を｜で略して書くことがよくおこなわれてきました。そうして、中の｜がみじかくなり、下の＿が上にあがって**円**になりました。新字体の選定に当たっては、このように略体字も採用されました。**広**も略字が採用された例です。

つぎは、「点画の整理がはかられた例」や「筆写の習慣や学習の難易を考慮して字形をあらためた例」、「活字体と筆写字体の一致がはかられた例」と、思われるものです？

來→来	區→区	劑→剤	學→学	踐→践
蟲→虫	益→益	劍→剣	龜→亀	齒→歯
樣→様	惠→恵	惡→悪	拜→拝	爲→為
圓→円	帶→帯	參→参	羽→羽	疊→畳
應→応	轉→転	拔→抜	郞→郎	

「筆写の習慣を考慮する」＝というのは、書くときにかきやすいように字形をかえることです。　益→益、　羽→羽、　惡→悪　などがその例にあげられると思います。

「活字体と筆記体の一致」＝というのは、活字体をその当時おおくの人々が書いていた筆記体の字形にできるだけあわせることです。筆記体では、書きやすさ、早く書けることをもとめますが、活字体では、そういうことはありません。活字体の場合には、むしろ見かけの美しさが追求され、そのために装飾性がほどこされる傾向があります。新字体の選定にあたっては、活字体（印刷字体）においても、旧字体にみられた装飾性をすてて、筆記体の手軽さを採用しようとしました。みかけよりも、筆記体との統一;一致の利点を重くみたわけです。

こうして、国語改革は、現代仮名づかいをふくめ大きな成功をおさめました。その最大の要因としてあげられるのは、国語･国字改革のねらいが、なによりも国民の願いを反映した、現実にねざした『国語の民主化』にあったことにある、と思われます。対するに、旧字体についていえば、江戸時代なかごろの中国の康熙字典にその権威・拠りどころをもとめたものですが、どうしても歴史主義におちいるために、社会とのずれを大きくしてしまったのではないかと考えます。

4　＜字形・字体＞3　字体の変遷

問　この漢字をみてください。　なんという漢字でしょう？

ここに提示したのは篆書という書体の漢字です。今の漢字では「警　劇　河　過　満　折　未　熱　深」にあたります。この漢字をみて、どんなふうに感じますか？

曲線的で、複雑な感じの、読みにくい文字ですね。どこかでこういう書体の文字を見たことはありませんか？　よく印鑑（判子）につかわれていますね。篆書体の文字がどうして印鑑につかわれるのでしょう？　印鑑はサインの代わりに確認・了承のしるしとして使われるものなので、偽造されにくいことと、できれば他との違いも必要です。それで篆書体の独特で複雑な字体がつかわれるのかもしれません。

ところで、この篆書体の文字がつかわれていたのは、今からどのくらい前のことだと思いますか？　——やく2,500年くらい前のことだと考えられています　——

問　でわ、こんどは、この漢字をみてください。すごく画数の多そうな漢字ですね。何画ぐらいで書けるのでしょう？

顯－顕　壓－圧　譽－誉　餘－余　鑄－鋳

關－関　鹽－塩　勵－励　竊－窃　圖－図

醫－医　獵－猟　鬱－欝　癡－痴　灣－湾

繪ー絵　　數ー数　　靈ー霊　　覺ー覚　　變ー変

鐵ー鉄　　蠻ー蛮　　膽ー胆　　歸ー帰

参考のために、新字体の漢字と〈**対**〉でしめしましたが、それにしても難解な漢字ですね。こんなにも画数の多い複雑な漢字が、なんの必要があってつくられたのでしょうか？　ちょっと複雑でむずかしすぎると思いませんか？

むかしは、漢字は、王などの権力者ととりまきの官僚の占有物で、大衆とは無縁のものでした。文字は権力者の支配のための道具、権威のしるしとしてつかわれましたが、そのために、漢字は尊厳さをもつものとなり、さらにわ神秘性をも有するものとなりました。ひとたび文字が尊厳性をふくむものになると、それにつれて、文字をこころえた人も尊厳を帯びます。しかし、尊厳な者が新しくどしどしあらわれてくるようでは、旧き尊厳者にとっては不利です。かつ文字をこころえた人がふえれば、文字の神秘性をそこなうことになりかねません。そこで、彼らは、力のかぎり漢字をいっそう難しくしようと試みました。難しいことが、彼らを尊厳ならしめ、彼らの特権をまもる財産となるからです。こうして、漢字は、人民をよせつけない**差別の枠**となりました。（藤堂明保『漢字の過去と未来』）

漢字制限・国字改革をしなければならない破目に追いこまれてきた漢字の難解さの裏には、このような背景もあったのではないかと想像されます。こう考えると、漢字のあの複雑さ・難解さがどこから来たものか、すこしわかるような気がするのですが、どうですか？

問　つぎは、この資料を見てください。漢字の字体の変遷をあらわしたものです。気づいたこと、わかったことを発表してください。

漢字／字体の変遷

	日	月	雨	雷	牛	羊	馬	鹿	象	魚	車	門	京	母	水	射	田
甲骨文																	
金文																	
石鼓文																	
篆文																	
隷書	日	月 夕	雨 雨	雷 靁	牛	羊 羊	馬 馬	鹿 鹿	象 象	魚 魚	車	門 門	京 京	母 母	水 水	射	田
楷書	日	月	雨	雷	牛	羊	馬	鹿	象	魚	車	門	京	母	水	射	田

（蘇哲茂・作成）

描写的・曲線的な字形から、線条的・直線的な字形へと変化してきたことがわかりますね。バランスの整った、流麗な美しい字形へと進化してきたことがよみとれそうです。筆画が単純化・画一化されて、書きやすく、筆記の労力がへるような、実用的な方向に字形が整理されてきたと言えそうです。

隷書になると、現在わたしたちが使っている漢字の原型といえるほどまでに、字形が進化していることがわかります。この隷書の書体は、いまから2,000年くらいまえのことだと考えられますから、篆書体からは、数百年くらい後のことになります。

ところで、このような字形の変化がうみだされた大きな要因ですが、漢字の使用が統治のなかで一般化し、紙の発明ともあいまって、漢字がごく一部の権力者周辺から下級官吏・知識人のもとへと広がったことにあると思われます。文字は、人々に浸透し使用されればされるほど、利便性にみちた、洗練された字形に変化するということなのでしょう。

このように、漢字は、数千年にわたる永い歴史のなかでの試行錯誤のすえに、今日の均整のとれた美しい字体を獲得してきたといえそうです。ちなみに、中国では、ここ数十年にわたって、国を挙げて漢字を大胆に簡略化した簡化字の運動がすすめられていますが、それは、たとえ漢字という文字の体系性や書体の美学を犠牲にしても、通達の道具・符号としての利便性を優先して、漢字の難・煩（繁）という壁をつきくずそうとする決断の表明であり、「漢字の民主化」を展望した、積極的な壮大な営みであるといえるでしょう。

5　<多義語の書き分け>1

問　つぎのフレーズの「はかる」には、どんな漢字をあてるのが適当でしょうか？

(1) 解決をはかる。　(2) 時間をはかる。　(3) 審議会にはかる。
(4) 水深をはかる。　(5) 暗殺をはかる。　(6) 目方をはかる。

現在は一応、つぎのようにつかいわけることが正しいとされているようです。

1．図る　2．計る　3．諮る
4．測る　5．謀る　6．量る

問　でわ、「再起をはかる」「温度をはかる」「はかりしれない親の恩」「人の気持ちをはかる」「ころあいをはかる」「合理化をはかる」「自殺をはかる」「利益をはかる」「親睦をはかる」の場合は、どうですか？

考えてしまう部分がでてきますね。もしかすれば、もっとふさわしい漢字があるのかもしれないとも思います。まようのも当然で、はじめに「はかる」という和語があって、あとから「どれがいいかな」と、漢字をあてはめようとしているわけですから。つまり、ある意味で、和語の漢字表記はすべて「あて字」である、ということができます。「正しい―まちがい」という基準があるのではなく、ただ、当て字が社会的な慣用になったにすぎないのです。「正解」というのも「慣用的に」という条件がついてのもので、慣用がくずれれば「正解」もうごきます。たとえば、「手を挙げる」は「手を上げる」ではいけないのか、と疑問にかんじる人がいると思いますが、「挙手」という漢語にあわせて「挙げる」が正しいとされているだけの話で、「上げる」でも「揚げる」でも、当て字としてはおかしいことはないでしょう。おそらく、「手を上げる」と書く人が多くなれば、(**上げる**のほうが**挙げる**よりも簡単なので) それが慣用として正解ということになっていくでしょう。その程度のものだと思います。いまでは、「手を上げる」と書く人が、あんがい多くなっているのではないでしょうか？　しょせん、どの漢字が**はば**をきかせるようになるかという相対的な問題で、あて字だとわりきるなら、あまり神経質に漢字のつかいわけに頭をなやます必要はないと思います。通じるものなら適当でいい—ということに、理屈のうえではなるのではないでしょうか？　わかりやすく簡単なものがいいと思います。

「はかる」の例にもどると、「目方をはかる」のばあい、体重計といい体重測定というのですから、「目方を**計る**でも**測る**」でもいいはずですし、時間＝タイムだって測定するのですから、「時間を**測る**」でもおかしいとはいえません。面積は測って計算するのですから、「面積を**計る・算る**」でもかまわないでしょうし、企図、計略という単語があるのですから、「暗殺を**企る・図る・計る・略る**」だって、まちがいではないはずです。「再起をはかる」「自殺をはかる」のばあいは、再起を期し、自殺を試みるわけですから、「再起を**期る**」「自殺を**試る**」も考えられます。「合理化（人減らし）をはかる」「利益をはかる」のばあいは、意図し・計算し・ときには謀して目的を達成しようとするでしょうから、「**意る・図る・計る・謀る**」をつかいわけることも考えられます。「ころあいをはかる」のばあいは、計算して・タイミングを待つのでしょうから、「ころあいを**待る**」でもいいかもしれません。「人の気もちをはかる」は、憶測・推測するわけですから、「気もちを**憶る・推る**」でもよさそうです。「親睦をはかる」は、親睦を計画するとかんがえれば、「親睦を**画る**」もないことはないでしょう。

こんなふうに、多義語をいくつかの漢字で表記することができると思うのですが、このことは、和語の漢字表記が当て字であるということの証左であるように感じられます。とともに、一面で、多義語が内包している意味が截然と区別できるものではない、ということを示しているのではないかと考えます。漢字による書き分けは、単語が分化して意味のちがいがはっきり認識できる場合には可能ですが、意味どうしが近接して部分的にとけあっていたり、かさなりあっていたりするような場合には、どうしても難しくなり、まようことになります。漢字は表意文字であり、正しくかきわけなければいけない、と信じてうたがわない人が多いのですが、そう簡単にはわりきれるものではないと思えます。

問　こんどは、多義語の意味的なありかたを、「あげる」の場合でみてみましょう。

「あげる」の意味に、＜価を高くする。金額をふやす＞がありますが、その意味での「利益をあげる」をみると、さまざまな場合がありえます。とつじょ、大幅に利益を伸ばす「利益を伸げる・増げる」も考えられますし、赤字つづきの状態から無理をして、やっと形ばかりの利益を帳簿に載せる「利益を載げる」も考えられます。不正な架空計上をする「利益を空げる・架げる」もあるでしょうし、堅実経営でこつこつと利益を積み重ねる、「利益を積げる・重げる」もあるでしょう。ときには、偶発的な要因で儲けがころがりこんでくる、「利益を儲げる・稼げる」もあるかもしれません。

このように、＜価を高くする。金額をふやす＞という場合だけを考えても、現実は多様であり、状況（意味？）によって書き分けることの大変さがおもわれます。多義語「あげる」には、辞書では40ちかくもの意味がとりたてられていますから、漢字で意味を書き分けることは、絶望的なことだといってもいいのではないでしょうか？　しょせん当て字ですし、無意味です。遊びのたぐいであり、わずらわしく、日本語をわかりにくくするだけ有害である、というべきかもしれません。

多義語の意味の多彩さは、言語に反映する現実が、はかりしれない豊かさをもっていることをしめしているのでしょう。「はかる」と「あげる」の例をみただけですが、単語の意味の豊かさ＝現実の無限の豊かさに圧倒され、多義語の漢字による書き分けが、およそ無謀なこころみであることを思いしらされる気がします。いくら漢字をつくりつづけたところで、追いつけるものではないでしょうし、それを学び、使いこなすための努力がむくわれることも、決してないでしょう。可能性も現実性もない、ということになると思います。

日本語の表記では、**分かち書き**の代用となるため、名詞を漢字で表記する必要が実際的にはでてきますが、動詞・形容詞はかながきで十分意味がつうじますから、わざわざ漢字でかく必要はありません。げんに、そうした表記を主張し実践している人が、けっこうみられます（著名人にも）。漢字にひきまわされるのではなく、漢字を利用するという構えをもつことが大切なのではないでしょうか？　しかし、日本の社会と国語教育の現状は、こうしたあまり意味のないことがらに「正解のない『正解』」をもとめて、異様ともおもえるような、むなしい努力をかたむけているようにみえます。日本人の漢字信奉、漢字によりかかった硬直した漢字観を、もっとゆるやかな**ゆとりのある**ものにかえてゆく必要があるのかもしれません。

6　＜文字＞1　日本語を書きあらわす文字

この章は、授業の一風景というかたちをかりて、考えてみていくことにします。

Q　「文字」。なんとよみますか？
・　モジとよみます。
Q　文字というのは何ですか？
・　ことばを書きあらわす記号です。
Q　そうですね。「文字」はことばを書きあらわす記号です。
　でわ、つぎの文字を読めますか？　どこの国の文字でしょう？　意味はわかりますか？

地球環繞太陽轉。
The earth revolves around the sun.
Земля вращается около солнца.
지구는 태양의 둘레를혼다.
شرر الارض حول ال

Q　みなさんが見たことがある文字もあるでしょう。上から中国語、英語、ロシア語、朝鮮語、アラビア語の文字です。でわ、日本語をかきあらわす文字にはどんな文字がありますか？
・　ひらがな、カタカナ、ローマ字、漢字です。
Q　これから文をいいます。それをひらがなだけで書いてください。
　　や・ま・と・う・み・どっ・ち・が・す・き？
・　「やまと　うみ、　どっちが　すき？」
Q　カタカナだけで書いてください。
・　「ヤマト　ウミ、　ドッチガ　スキ？」
Q　漢字だけで書いてください。
・　？？？？？？？？？

Q　ローマ字だけで書いてください。

・　Yama-to umi, docchi-ga suki?

日本語の文は、ひらがなだけでもカタカナだけでもローマ字だけでも書けますが、漢字だけでは書けません。ふつうは、ひらがなと漢字との両方をつかって書きあらわします。

山と海どっちが好き？

むかし、日本の国でひらがなとカタカナが発明されていなかった当時は、漢字だけで書いていました。でも、書くのも読むのも、とってもたいへんだったと思います。もし、日本語の文字が漢字だけだったら、こんなふうに書いていたかもしれません。

山都海土津地画巣木？

世界にはたくさんの文字がありますが、大きなちがいがあります。もちろん形はちがいますが、言葉の表わし方に特徴があります。それはなんでしょうか？

かな文字とローマ字は、音をあらわす文字です。かな文字は音節を、ローマ字は単音をあらわしています。

か　き

k a k i

漢字は、単語と単語つくりの要素とをあらわす文字です。ひとつひとつの漢字は、音だけではなく、意味もあらわしています。

柿　　夏季　　火気　　花器　　下記　　花期

垣　　火器　　花気　　佳期　　家記　　嫁期

Q　みなさんは、世界中でいちばん多く使われている文字は、なんだとおもいますか？

ローマ字です。日本ではローマ字とよんでいますが、ふつうはラテン文字いいます。ラテン文字は、ヨーロッパや南北アメリカ、アフリカのほとんどの国など、たいへん多くの国でつかわれています。これには、過去の植民地主義の影響があるでしょう。アジアや中東地方ではラテン文字を使用している国もありますが、漢字やハングル、アラビア文字など独自の文字を使用している国が、わりあいに多くみられます。

７　＜文字＞２　漢字の性格

Ｑ　次の単語をよんでください。　＜かき＞　＜ｋａｋｉ＞

　牡蠣フライの牡蠣でもいいですが、くだものの柿を思いうかべてみましょう。みなさんも柿は食べたことがあるでしょう。

Ｑ　「かき」　ひらがなで書きました。「柿」という単語は音がいくつありますか？

・　かという音と、きという音の二つです。

Ｑ　文字の数はいくつですか？

・　ふたつです。

Ｑ　「ｋａｋｉ」　ローマ字で書きました。文字の数は？

・　よっつです。

Ｑ　でわ、音はいくつでしょうか？

　柿というおなじ単語ですから、音は二つのはずですね。でも、ローマ字では４文字で書きあらわします。ひらがなもローマ字も音を書きあらわす文字ということでは同じですが、すこし性質がちがいます。ひらがなは音節を、ローマ字は単音をかきあらわします。

　　　ひらがな＝音節文字、　ローマ字＝単音文字

　音節はその音をひとつずつ、はっきりと区切って発音することができます。五十音図をしっていますね。日本語の音節は五十音図のようにひらがな一文字でかきあらわすことが多いです。が、拗音や長音など例外もたくさんあります。

　かという音節はｋとａという単音（音のちいさなきれはし）にわけることができます。**き**という音節はｋとｉという単音にわけることができます。一年生でひらがなを習ったとき「か―――」と、**か**の音を伸ばしていくと**あ**の音にかわっているということを勉強したと思います。**き**の音も「き―

——」と伸ばしていくと**い**の音になりますね。単音にわけることができるというのは、そういうことです。

単音は単独ではひとつずつはっきりと区切って発音することができません。ｋ、ａ、ｋ、ｉ のように切り離して発音することは、むずかしいです。日本語では母音のａ、ｉ、ｕ、ｅ、ｏ をともなって、一つの音（音節）として発音します。

「ａ、i、u、e、o」の音を日本語の母音といいます。母音「あ、い、う、え、お」は口むろで音を響かせてつくります。そのため、母音は、大きな音や長い音をだすことができます。なかでも、**あ**の音は、口を大きく開けるので、母音の中でもいちばん大きな音をだせます。でわ、「あ・い・う・え・お」を響かせながらできるだけ長くだしてみましょう。

単音ｋは、子音といいます。子音というのですから、まだ一人前の音ではない、ということです。ひとつの口構えであり、母音をともなって、はじめて一人前のはっきりとした音としての発声ができます。ｋは奥舌の子音で、舌の奥を上顎につけてつくります。

ところで、これまでの説明から、日本語の母音「あ・い・う・え・お」は、単音でもあり音節でもある、ということになりますね。母音、子音は「ぼおん、しおん」といってもいいのですが、「ぼいん、しいん」というのが普通のようです。

ひらがなが音節文字であり、ローマ字が単音文字であることを学習しましたが、ひらがなもローマ字も、音を書きあらわす文字であるということでは似ています。そのことから、ひらがなとローマ字を（カタカナも）、**表音文字**（＝音を表わす文字）ということができます。

でわ、漢字はどんな性格の文字でしょうか？

みなさんは一休さんの頓智ばなし「この橋、渡るべからず」の話を知っていますね。同音でも意味（意義）の違う単語があるという話でしたね。

同じハシでも　橋、端、箸、嘴、階　というように異なる単語があります。花、鼻、下、舌などすぐに思いうかべられるものもありますね。

「カキ」という同音の単語をいくつか漢字で書きあらわしてならべました。

柿　　夏季　　火気　　花器　　下記　　花期
垣　　火器　　花気　　佳期　　家記　　嫁期

ここにあげた単語はみんな「かき」という同音ですが、意味はちがいます。同音異義語です。

こうして眺めてみたとき、漢字とはどのような性格の文字といえるでしょうか？　考えてみてください。

柿、垣　という漢字はひとつの単語をあらわしていますね。一文字で一単語を表わしていますから漢字は**単語文字**であるといえますね。

下記、夏季、火気、花器……などの単語の漢字をみると、おおよその単語の意味を類推することができますね。なぜでしょうか？　それは漢字が単語の要素をあらわしているからですね。ということは、漢字は**要素文字で**ある、ともいえます。以上をまとめると、漢字は**単語・単語要素文字**である、ということができますね。

漢字＝単語・単語要素文字

ところで、みなさんは、「漢字は意味を表わす」と習ったのではありませんか？　でも、厳密に言うなら、それは正しくないでしょう。意味をになっているのは、単語であり、文字ではありません。漢字が意味をもっていると感じられるのは、漢字が単語とその要素をあらわすからです。

つぎの漢字は意味を推しはかることができません。たとえよく知っている漢字でも……。なぜなら、その漢字が、いかなる単語も、いかなる単語の要素も、あらわしていないからです。

足夜　　爪日　　島排　　買天　　空教

適当に漢字を並べました。たぶん、こんな単語はないでしょう。ですから、読むことができないし、したがって、漢字が要素になりえず、わたしたちは、漢字に意味を感じることができません。

これらは、でたらめに作った「漢字」です。ですから、読み方もなく、単語をあらわさず、したがって、意味もありません。

8　<同音語の書き分け>

問　日本社会の現状をみると、「追求」「追及」「追究」は、それぞれ同音異義語として、以下のように書き分けることが当然のように説かれています。が、はたしてそれは、本当に正しく意味があることなのでしょうか?

①　どこまでも後を追いかけ求めること。　　　……追求
②　後から追いかけていって追いつくこと。
　（責任などを）どこまでも追い責めること。……追及
③　（学問などを）尋ねきわめること。　　　　……追究

辞書にはこのように意味的なちがい＝書き分けの基準?が述べられています。しかし、そんなことに頭をわずらわす必要があるのだろうか?という気も、してしまいます。それは、①　②　③には基本的なところで意味的な共通性がみられ、別語ととらえずとも「ついきゅう」という一単語と考えていいのではないか、という疑問です。同一の単語なら、書き分ける必要などないことになります。

だいたい単語というものは、基本的な意味と、そこから派生したいくつかの意味のあつまりとして存在することが､ふつうです。だとすれば、①　②　③も基本的な意味と派生的な意味の関係として、おなじ表記でかまわないのではないでしょうか?

１単語とみとめてよいと思われるものには、以下のようなものが挙げられるのではないでしょうか?　同音異義語の使い分けとして問題とされるもののうち、少なくないものが、当てはまるように思われます。

探検と探険	荷担と加担	起源と起原	機転と気転	真紅と深紅
太平と泰平	発奮と発憤	表札と標札	露見と露顕	巡礼と順礼
異郷と異境	威容と偉容	温和と穏和	会心と快心	銘酒と名酒

実情と実状	規準と基準	時期と時機	趣旨と主旨	精彩と生彩
過酷と苛酷	五感と五官	直感と直観	委託と依託	好意と厚意
従順と柔順	様子と容子	賞賛と称賛	兆候と徴候	修練と習練
改定と改訂	規定と規程	競争と競走	訓示と訓辞	受賞と受章
制圧と征圧	用件と要件	配布と配付	意志と意思	敷設と布設
実態と実体	作成と作製	労使と労資	委譲と移譲	過小と過少
起因と基因	共同と協同	召集と招集	食料と食糧	心身と心神
推奨と推賞	定年と停年	反則と犯則	復元と復原	暗誦と暗唱
記章と徽章	反面と半面	異常と異状	製作と制作	真髄と神髄、
鑑賞と観賞、	運行と運航、	機運と気運、	凶暴と狂暴	回復と快復
英知と叡智	修正と修整	習得と修得	小食と少食	条例と条令
叙情と抒情	信書と親書	心情と真情	振動と震動	尋問と訊問
先端と尖端	騒乱と争乱	即断と速断	素描と粗描	退避と待避
雄姿と勇姿	目礼と黙礼	妄信と盲信	未踏と未到	悲運と非運

用例の大半（武部良明『日本語表記法の課題』「異語的同語」から）

これらのなかには、すでに法令用語改正要領や新聞社の判断として、どちらかを統一して用いるとされているものがありますが、そのことによって、とくに支障が生じているようにはみえません。それはつまり、一単語として認定し、微妙なちがいは意味的な派生であるとしてもかまわない、ということの証左なのではないでしょうか？

なぜ、こういう無用なことを、もっともらしく続けようとするのでしょう？　ひとつには、わたしたちの意識が、漢字は意味をあらわすもので、意味によって書き分けなければならない、というドグマにひきまわされている、側面があるようにおもいます。しかし、考えてみれば、文字は、単語を書きあらわすために生みだされたもので、ちょくせつ意味をあらわすためにあるものではありません。意味は、単語がになっているのです。その点をとりちがえ、単語をとおりこして、漢字につきまとっている表意性に、じかに頼ろうとするから、混乱が生じるのではないでしょうか？　そして、これは前にものべたことですが、日本の国語学が文の単位としての単語の認定をあいまいにしたままで、ついつい表記要素としての漢字のちがいに目をうばわれてしまう、という決定的な弱点をかかえていることによるものではないでしょうか？

さらに言えば、日本人は、漢字を主体的につかいこなすという立場にたてずに、漢字につかわれる立場（=漢字に奉仕する受身的な存在）になりさがってしまっている、という構図を指摘できるように思います。漢字に権威をみとめるあまり、主従の立場の逆転をすこしも不思議におもわない文化、権威主義的なひとりよがりな漢字崇拝のなかにどっぷりとつかって無反省のままにある、といえるのではないでしょうか？

とわいえ、同音（異義）語の書き分けがなぜいけないのか？　日本人がはぐくんできた大切な文化として、尊重すればいいではないか、という非難の声もきこえてきそうです。どうしても書き分けをしたいというのなら、それでもしかたがないのですが、そういうことをしていると、日本語がこの国際化の時代に、いつまでも言語学の常識からはずれた、わかりにくい、内向きな閉じられた言語として、世界に開かれた、世界の人びとから学んでもらえるような存在になれないことを、危惧します。そして、そのような日本語では、日本が経済大国でいられるうちはまだしも、ゆくゆく経済的地位が低下してゆくにしたがって、日本そのものが見向きもされなくなってしまうのではないか、とおそれます。それでも、かまわないのかもしれませんが、日本の国益ということを考えると、やはりマイナスになるのではないでしょうか？　すくなくとも今のうちから、未確立な正書法をはじめとして、複雑すぎる日本語表記の実相を、すこしでも平明なものにしようと努めることは、留意すべきことなのではないでしょうか。

９　<漢字の表意性>１　合成語・単純語と 漢字

問　みなさんは、たぶん、「漢字は意味を表す」と教わってきたと思います。
今日は、このことを考えてみましょう。

A 雨　羽　桜　音　火　夏　家

読んでみましょう。意味はわかりますね？　これらの漢字はそれぞれ「アメ、ハネ、サクラ、オト、ヒ、ナツ、イエ」と読めて、その単語の意味を、私たちは容易に知ることができます。漢字は意味を表わす、といっても、よさそうですね。

問　でわ、つぎの漢字です。これはどうでしょう？

B 土蔵　拡大　死亡　就学　動詞　悪事　飼料

よめますか？　意味はわかりますか？　単語の意味も個々の漢字の意味もだいたいわかりますね。漢字は意味を表わすといっても、まあまあよさそうですね。

問　でわ、この漢字はどうでしょう？　意味がわかりますか？

C 衛　紀　径　程　件　標　府　貿　曜
央　模　郵　由　俳　宙　績　玄

どんな意味だろう？　なんて言えばいいのかな？と、考えてしまいますね。この漢字が使われている単語はいくつか思いうかびますが、漢字一文字だけになると、その意味がすぐには答えられない、意味がはっきりしなくなりますね。つまり、「漢字は意味を表わす」は、すこし怪しくなるということでしょうか？

問　でわ、つぎの単語を読んでください。要素としての個々の漢字の意味がわかりますか？

D	改革	推理	歴史	貿易	連絡	条件
	保険	障子	規模	親切	痛快	磁器
	兆候	会社	事典	景気	敗北	健全
	年令	公布	故意	管理	弁当	勉強
	帽子	雑誌	天井	小説	綺麗	不思議

単語の意味はわかりますが、個々の漢字の意味は、あまりよくはわからないものがありますね。なかには、帽子や天井、弁当など全然わからないものもあります。「親切のように、親＝（形容詞）したしい、切＝（形容詞）ぴたりとくっつくさま――という意味よりも、「おや」「きる」という読みが強く印象されるために、「しんせつ」の語彙的な意味にふさわしく感じられないものもあります。「漢字は意味を表わす」は、かなり怪しいということになってきますね。

これまでのことをまとめると、どういうことになるのでしょう？

Aや**B**のように単語や単語の要素をあらわす漢字は、「意味を表わす」といってもよさそうです。が、**C**のように単語を表わさない漢字や、**D**のように単純語化がすすんでいる単語の場合には、「漢字は意味を表わす」は、成り立たなくなってしまうみたいです。じじつ、**D**のような合成語から単純語への移行が進行した単語の場合には、漢字が単語の意味に直接的なかかわりをもたなくなり、よみかた（音）だけを示せばよいことになるため、より簡単な当て字がつかわれることがあります。漢字を全体としてながめてみると、単語文字から要素文字への移行、合成語から単純語への移行にともなって、その意味がぼやけ、表意的な性質がうすらいでゆく、ということがいえそうです。

問　読んでみましょう。「理」という漢字がなにをあらわしているかわかりますか？

料理　　理科　　理髪　　理想　　管理

わからない人がいるとおもいます。これは漢語の意味が変化して要素の意味とは無関係に存在するようになり、要素をあらわす漢字がはたらきを失ってしまったからです。現実のものや現象と直接にむすびつくのは単語であって、単語つくりの要素ではないので、漢字が要素文字へ移行すると、しだいに現実との関係がたちきれて、その意味をうしなっていくのです。たとえば「りょうり」についていえば、今では語源的な要素「料」と「理」の意味とは関係がなくなり、「りょう」と「り」とに分ける必要がなくなりました。「料理」という単語は、合成語から単純語へうつってしまったのです。このような変化と並行して、漢字「料」と「理」はその意味がきえてしまい、表意的な性質をうしなっていくことになります（『にっぽんご７　漢字』「現代の漢字の意味」参照）。　じっさい、「料」と「理」という漢字の意味がわからなくても、わたしたちは、現実の生活のなかで「料理」という単語を使いこなすことに困ることはありませんね。

乱暴にいえば、こうも言えるでしょう。漢字の表意性は、単語文字から要素文字への移行によって半減し、合成語から単純語への移行にともなって、さらに半減する、と。前者は、単語文字としての漢字が要素に成り下がる（＝要素にすぎなくなる）という意味で。後者は、漢字が要素としての役わりすら失っていくという意味で。のこった漢字は、語源的な意味と音声をあらわす形式ということになりますが、ながい間には語源としての意味も、私たちの意識からはしだいにわすれられていきます。なぜなら、語源はものや現象と直接的にはかかわらない、単語の本質からはなれた周辺的な側面だからです。最終的には単なる音声記号と化した漢字がのこりますが、それは、いってみれば脱け殻も同然のものであり、慣れさえすれば「弁当」のように簡単な当て字をもちいて表記しても、日常的にはすこしも違和感を覚えないものになります。

これからも、私たちは**花**、**空**、**虫**、**手**など一字で基本的な単語をあらわす漢字に接することで、漢字の表意性をつよく意識しつづけるでしょうが、現実の世界は漢字の表意性がぼやけ・うすらいでゆく大きな流れのなかにあり、そのただなかに、私たちは置かれている、ということなのだと思います。

10　＜漢字の表意性＞２　漢字は「表意文字」といえるか？

前に「漢字という文字に意味があるのではなく、単語が意味を担っているのだ」ということを勉強しましたが、そのことを、もういちど考えてみたいと思います。

問　つぎの漢字をよんでください。

工夫　　末期　　造作　　大家　　人体　　気色　　強力　　重宝

よめましたか？　いま迷った人がいましたね。そうです、ここに提示した漢語は読み方が一通りだけではありません。二通り（以上）の読み方が可能です。

工夫―クフウ、コウフ　　末期―マッキ、マツゴ　　造作―ゾウサク、ゾウサ
人体―ジンタイ、ニンテイ　　大家―タイカ、タイケ　　気色―ケシキ、キショク
強力―キョウリョク、ゴウリキ　　重宝―ジュウホウ、チョウホウ

でわ、意味をたしかめてみましょう。

工夫（くふう）　……　いろいろ考えて、良い方法を得ようとすること。また、考えついた方法。
工夫（こうふ）　……　道路、土木などの工事に従事する労働者。
末期（まっき）　……　終わりの時期。末の時期。
末期（まつご）　……　死にぎわ。臨終。
造作（ぞうさく）……　つくること。とくに家を建てること。
造作（ぞうさ）　……　技巧。装飾。もてなし。ごちそう。
人体（じんたい）……　人間のからだ。身体。
人体（にんてい）……　人の姿。また、人柄。
大家（たいか）　……　その道にとくにすぐれた人。巨匠。
大家（たいけ）　……　富んだ家。また、社会的に地位の高い家柄。
気色（けしき）　……　①ようす。ありさま。　②きざし。前兆。

気色（きしょく）	……	きもち。気分。気もちが顔色にあらわれること。また、その顔色。機嫌。
強力（きょうりょく）	……	力や作用がつよいこと。また、強い力。
強力（ごうりき）	……	登山者の荷を負い、案内にたつ人。
重宝（じゅうほう）	……	貴重な宝物。
重宝（ちょうほう）	……	つかって便利なこと。便利だと感じてよく使うこと。

問　このように同一の漢字の組み合わせが複数の読み方をもち、それぞれが異なった単語をあらわすことがわかりましたが、これはどういうことを意味するでしょうか？

このような特別な場合には、たとえ、漢字といえども単語文字としての機能を半ばうしなっていることがわかります。私たちは当然のことながら読み方がわからなければ単語を認識できませんし、単語を認識できなければ、意味を推しはかることはできません。ですから、みためでは単語としての識別が困難な、文脈にそってよみとらなければ意味をつかめないこうした例は、漢字の最大のウリともいうべき「漢字の表意性」を否定する論拠となるでしょう。そして、「意味を担っているのが単語である」ことを、裏返しに教えているといえる、と思います。

問　このような例は、まだあります。さきほどは複数の音読みをもつ同一の漢字の組み合わせをみましたが、こんどは、音-訓や訓-訓のよみかたのちがいで異なる単語となるものを、みてみましょう。読んでください。

草原	（ソウゲン）	（くさはら）	足跡	（ソクセキ）	（あしあと）
風車	（フウシャ）	（かざぐるま）	市場	（シジョウ）	（いちば）
見物	（ケンブツ）	（みもの）	大人	（タイジン）	（おとな）
細目	（サイモク）	（ほそめ）	大勢	（タイセイ）	（おおぜい）
目下	（モッカ）	（めした）	寒気	（カンキ）	（さむけ）

牧場（ボクジョウ）（まきば）	大事（ダイジ）（おおごと）
金星（キンセイ）（きんぼし）	仮名（カメイ）（かな）
大家（タイカ）（タイケ）（おおや）	
生物（セイブツ）（いきもの）（なまもの）	
上手（うわて）（かみて）（ジョウズ）	

ひとつ一つ確認してみれば、なかには意味の似かよっているものもありますが、多くは明らかに違いがあり、別の単語とみられますね。これらも、一目では単語の識別のむずかしい例として、あげることができるでしょう。こうしてみると、同表記別語がけっこう多いことがわかります。ですから、読む人に正しくよんでもらおうと思えば、漢字のあとに括弧づきでルビをつけることが必要になります。実際そうした例をみかけることがあります。漢字のむずかしさの理由の一つに、よみかたがわからない（よみかたを同定できない）という点をあげることができると思いますが、音読み・訓読みの別をはじめとして、呉音・漢音・唐音などの時代による相違や、広大な中国各地の方言的な差異とともに、このような同表記別語の存在も指摘できると思います。

すこしくどくなりますが、整理してみましょう。

漢字は、単語文字であり、単語をあらわします。単語は、意味をもっています。ですから、漢字もとうぜん意味を帯びます。漢字に意味が焼きつけられるのです。そのため、私たちは漢字に表意性をみとめます。漢字の表意性は100人が100人認めるでしょう。しかし、だからといって、漢字が「表意文字である」といいきることは、まちがいだと思います。表意性があるということと、表意文字であるということは、イコールではありません。表意性というのは漢字のもつ一面であり、表意文字であるという本質規定をしてしまうことは、いきすぎになります。漢字に表意性がうかびでてくるのは、漢字が単語（と単語の要素）を表わす場合であって、そうでない場合には、表意性とは無縁です。いくら漢字で書かれていても、単語と認識できない場合には――たとえば同表記別語の例でみたような、よみ方がわからない場合には――単なる符号にすぎません。甲骨文字が発見された当時、それは骨にきざみつけられた文様とみられ、その骨は竜骨と称されて、薬として売買されていたといいます。その刻み模様が単語と認識されなかったために、意味をもたない（表意性のない）文様としか思われなかったからでしょう。単純化していえば、それと同じことが今の漢字についても言えるはずです。よめない漢字、よみかたのわからない漢字に、わたしたちが表意性を感じるわけがありません。漢字に意味があるのではなく、単語に意味があるからです。

（用例＝野村雅昭「漢字にささえられた日本語」から）

11　<外国人と漢字>
漢字の美点＝「明徴さ」、「表象力」

かな文字だけで表記されている文章よりも、適度に漢字をまじえてかかれた文章の方がはるかによみやすいことは、誰もが感じることだとおもいますが、それは、漢字には一字一字に独自の美しさとちがい（=明徴さ）があること、漢字が単語とその要素をあらわす〈単語＝要素文字〉であることから、その語意を字形の認識とあわせて想起しやすいこと＝表象力などがあるからではないかと思います。漢字は重大な欠点をかかえた文字ですが、こうした美点をみんながつよく感じるため、いまも日本人にふかくあいされています。漢字の問題が一筋縄ではいかない理由は、国民のおおくが漢字の短所よりも長所にひかれ、漢字へのつよい愛着心をいだいているからでしょう。

外国人の日本語習得のむずかしさ

しかしながら、このような美点をもち、日本人にはつよく支持されている漢字も、反面、その表記の複雑さがネックとなって、外国人の日本語習得にはひじょうな困難をもたらします。外国人が日本語の書物をよみこなせるようになる確率は、ひじょうに例外的な少数にとどまるとききますが、この点が将来、日本の衰退・孤立化につながる決定的な要因のひとつになるのでは？と心配になります。でわ、なぜ外国人の日本語修得が困難なのでしょう？　簡単にいえば、日本語の漢字は、外国人が辞書をひいて調べることがとてもむずかしいからだ、といえるように思います。漢字の部首はわかりにくく、あてにできませんし、漢字の表音性はよわく、話になりません。どうやって辞書をひいたらいいのか？　頭をかかえて困りはてている姿が目にうかんできます。辞書をひくことができない言語が、外国人に修得されるはずはありません。そういう意味では、日本語は、国際語としての資格をまったくもたない言語だ、といっていいでしょう。漢字のおもしろさ、日本語の豊かさは確かにすばらしいものですが、国際化のなかでそれを強調することは、「井のなかの蛙」的側面をもつものかもしれません。

・「その傍に」　（かたわらに、そばに、きわに、わきに、はたに、はしに、ほとりに、ふちに、）
・「新自由主義の歪みが…」　（ゆがみが、ひずみが）
・「その後」　（ご、のち、あと）

本などをよんでいて、上のような読み方にまようものにしばしば出あいます。考えてもはっきりせず、すっきりしない気もちが後（あと）にのこることがありますが、このようなとき、外国人にはどう教えているのでしょう？「意味がわかれば、だいたいでいいんです。どうでも、適当でかまわないんです。」とでも言うのでしょうか？　でも、こんなあいまいで乱暴な説明をきいたら、きっと外国人は、とまどい困るでしょうね。いやになって、やる気をなくしてしまうかも……。そんな場合がけっこう多いのかもしれません。数十年、日本でくらしてきた日本人でもまようことを、外国人が理解することはさぞかし大変だろうと、とぼしい想像力でかんがえます。私は、日本語の難しさはなによりもこうした表音性の弱さにあり、この点が外国人の日本語修得のひくさにつながっていると思うのですが、どうなのでしょう？　訓読みの多様性＝許容性は、漢字が歴史をきざみこんできたことの結果ですが、表音文字でそだった人々にとっては、おそらく信じられないような、理解の域をこえたものなのではないでしょうか？

つぎつぎに歴史を背負（しょ）いこむ　漢字

漢字の性格をひとことで「重い」ということができるかもしれません。たいして、アルファベットは「軽い」と。この感じ、なにかわかるような気がする、という人はけっこういるのではないでしょうか。

「重い」と感じられるのは、画数のおおさなど字形の印象からくるものもあるでしょうが、基本的には漢字という文字がかかえている**むずかしさ**からくるものだと思います。それは、漢字の「単語＝要素文字」という性格から必然的に生じるものなのですが、漢字は、その国の歴史を次々とそのなかに背負いこんでしまいます。言語は現実を反映しますが、単語をかきあらわす漢字は、その性格のゆえに、宿命として、歴史（時代・風土）を自身のなかにやきつけてしまうのです。たとえば、下には上下・下位・下郎・下車・下命・下策・下校・下町・下心・下手・下火・天下などの単語で「空間位置が下であること」「順位などが低いこと」「身分の卑しいこと」「おりること」「くだすこと」「つたないこと」「帰ること」等々の異なった要素としての意味がやきつけられています。

このように次々と歴史をしょいこんでいくわけですから、考えてみれば、漢字は重くもなるわけです。そして、それゆえに、漢字はおもしろくもあり、楽しくもあるのですが、また難解さを内包することにもなります。その点、アルファベットは、単語ではなく単音をかきあらわすというシンプルな性格から、そうした側面がうすく、ニュートラルな文字であるといえるでしょう。おもしろみはないものの、やさしさをもった文字だといえます。国際化のすすむこれから、私たち日本人に鋭くつきつけられてくるのは、〈おもしろくはあっても複雑で**重い**漢字をとるのか〉、〈おもしろみはなくとも、やさしく**軽い**アルファベットをとるのか〉、という選択なのかもしれません。

へんなたとえですが、文字を食器にたとえてみます。そうすると、漢字は、手づくりの高級な漆器や磁器にたとえられます。アルファベットは、日用品のせともの や樹脂製品ということになります。「重い」と「軽い」のちがいを、このように言うことができるでしょう。芸術的で高価な漆器や磁器＝つまり漢字＝のすばらしさ、これはだれも否定できません。しかし、私たちは毎日の生活のなかで、そんな高価な食器をつかうことが、それほどあるわけではありません。特別のばあいか、鑑賞するくらいです。日ごろつかうのは、大量生産された安価な食器です。ところが、日本では、この「重い」漢字を日常生活の道具としてつかっているわけです。世界のおおくの国々では、「軽い」アルファベットをつかっています。このちがい、どちらにも利点と欠点があるはずですが、毎日つかう道具（＝文字）としては、どちらがふさわしいのでしょう？　やはり、より大衆性のあるのは、アルファベットではないでしょうか？　だからこそ、英語は国際語になりえているのです。日本人は日本語をあいするゆえに、日本語のすばらしさ・豊かさ、漢字のおもしろさ・重宝さを主張しますが、たしかに、それはそうなのですが、ふだんの読み書きの文字として、ふさわしいという理由にはなりません。後生大事に漢字にこだわりつづけることが、はたしてよいことなのか？　国際化のなかでそれで通用するのか？という問は、否応なく私たちにつきつけられてくると思います。

　権威と装飾性にふちどられた重厚・流麗な「漢字の美しさ」にひかれる気もちは、わからないでもないのですが（というより、とてもよくわかる気がするのですが）、そうした情緒的な反応をこえて、よみかきの道具としての機能性を重視した、理性的な対応がもとめられているように思います。とくに、国際化のすすんだ今日においては。

　文字はすぐれて社会的なものです。であるからこそ、私的な好悪のレベル（美意識）をこえてウイングをひろげ、公共（社会）の福利に役立つような、一段階次元のたかい文字表記のありかたを、（できるかぎり簡単でわかりやすいもの、外国人でも一定の努力をはらえば読み書きが可能となるようなレベルのものを）選択する視点と余裕が、私たちには必要なのだとおもいます。

　あるべき「世界にひらかれた平明な日本語」とはどのようなものなのでしょう？　すでに、観光地ではパンフレットの英語・日本語併記がふつうになりましたが、そのうちには、日本語表記も「ローマ字・英語まじり文」などにかわっていくのでしょうか？　二、三百年後、日本語の表記はどんな姿にかわっているのでしょう？　ローマ字表記が一般化して、かな漢字まじり文はお蔵入りし、古典としてまなぶ対象になっているのでしょうか？　それを知る由は、わたしたちにはありませんが……。

すでに現在でもパソコンではローマ字変換が一般的で、アルファベットの優位性がはっきりしていますが、わたしは、「漢字をたくさんつかう」ことが『知性』なのではなく、「できるだけ少なくつかうようにする」ことが『知性』なのだという意識がふつうになればと……。

漢字の問題はすぐれて日本における「児童の教育にかかわる問題」であり、かならずしも「国際化」が主題ではないとおもうのですが、今回は、はからずも国際化に焦点をあてたものになりました。共通点があるのかもしれません。

12　<部首>１　漢字の構造と部首

今日は部首について勉強したいと思います。部首といっても、わからない人がいるかもしれませんが、サンズイとかキヘンとかイトヘンとかクサカンムリとかいうと、わかるでしょう。漢字は漢和辞典のなかでは、どのような部分からくみたてられているかということにしたがって分類されていますが、その分類の基準になる部分のことを、部首といいます。

問　次の漢字の部首はどこでしょうか？

(1)　油　鉄　飲　板　綿　冷　坂　姉　住
(2)　形　歌　部　動　頭　利　印　断
(3)　草　寝　箱　雪　交　声　単　岸　窓
(4)　盗　点　貨　思　禁　型　製　先
(5)　尾　広　病　房　原
(6)　建　道　超　麺　魅
(7)　国　開　区　凶　内

(1)～(7)のちがいがわかりましたか？　部首の位置がちがっていますね。(1)は部首が左側にあります。(2)は部首が右側にあります。(3)は部首が上にあります。(4)は部首が下にあります。(5)～(7)は部首が外側にある漢字ですが、(5)は上から左にかけて、(6)は左から下にかけて、(7)は外側を囲むように部首になっています。部首は、この位置のちがいによって、名づけがされています。

問　次の漢字をみてください。この漢字を二つの部分に分けるとしたら、みなさんはどう分けますか？

時	**村**	**神**	**張**
日　と　寺	木　と　寸	ネ　と　申	弓　と　長

このように左右の二つの部分にわけることができますね。左側にある漢字の部分を**へん**といいます。右側にある漢字の部分を**つくり**といいます。でわ、**へん**と**つくり**とからできている漢字をさがしてください。

問　(A) と (B) の漢字をみてください。提示した漢字は、**へん**と**つくり**でできている漢字ですが、部首はどちらかわかりますか？

(A)　休　往　性　腰　福　種　裸　狩　飯
　　　張　旗　地　好　岬　帽　打　池……

(B)　形　別　歌　戦　部　乱　師　助　攻
　　　頭　即　教　新……

このような**へん**と**つくり**とからできている漢字は、Aのように**へん**が部首になるのがふつうです。数も圧倒的に多いです。しかし、Bのような、**つくり**のほうが部首になるものもあります。

問　次の漢字の部首はどれでしょう？　どこにありますか？

昭　早　普　旧　旭　　　崎　岳　岩　崖　島
紙　素　緑　累　辮　　　机　条　杏　村　査
町　男　畑　界　番　　　叫　含　号　吸　呈

ここに提示した漢字の部首は、グループごとに日、山、糸、木、田、口です。見ていて何か気づくことはありませんか？　おなじ部首でも漢字によってその位置が異なっていることがわかりますね。これらの部首は「にちへん」「やまへん」「いとへん」「きへん」……と呼ばれることがあり、**へん**でつかわれる場合が多いのですが、必ずしも**へん**だけときまっているわけではないことがわかります。

問　つぎの部首の名前はなんと呼ばれていますか？　またその部首のつく漢字を挙げてください。

呼び方が複数あるものもありますが、例えば､つぎのように呼ばれています。

てへん、	ぎょうにんべん、	さんづくり、	ぼくづくり、
うかんむり、	くさかんむり、	まだれ、	やまいだれ、
くにがまえ、	もんがまえ、	ひとあし、	れっか、
しんにょう、	えんにょう		

でわ、みなさんのしっている、そのほかの部首を発表してください。

ここまで、部首の位置のちがいや、**へん**や**つくり**について学習しましたが、漢字では、そのほかの部分にも名前がつけられています。

かんむり　……　上にある漢字の部分を**かんむり**といいます。

かんむりは部首としてはたらいています。　宇　空　霧　雷

たれ　……　上から左にたれている漢字の部分を**たれ**といいます。

たれも部首としてはたらいています。　底　疲　屋　原

かまえ　……　まわりをかこんでいる漢字の部分を**かまえ**といいます。
かまえも部首としてはたらいています。　固　開　区　術
（行　ゆきがまえ）

あし　……　下にある漢字の部分を**あし**といいます。
あしも部首としてはたらいています。　盗　煮　元　舞

にょう　……　左から下にのびている漢字の部分を**にょう**といいます。
にょうも部首としてはたらいています。　進　起　建　趣

これまでのことを整理してみましょう。

はっきり言ってしまえば、いったいどれが部首なのか、どこが部首なのか、ますますわからなくなってしまった、ということなのではないかと思います。じっさい、経験的にも「部首はあてにならないもの」がいまや常識であり、漢和字典をひく際でも部首索引は敬遠され、手がかりさえあれば音訓索引を利用するのがふつうになっています。字書によって、その漢字の部首が違う場合もあり、部首がダブっていることもあります。これには、漢字のそもそもの性格や、書体の変化、部首が実用のために半分ほどに統合されてきた歴史や、新字体の制定など、複雑な経緯がかかわっています。しかし、そうはいっても、このような部首の知識を得ておくことは、漢字文化にかこまれている私たちの毎日の生活のなかでは、まったく無駄というわけでもなく、何かの機会に役立つ場合も、きっとあるように思います。

13　＜訓よみ＞1　訓よみの許容性と　漢字の表語力

問　つぎの単語をよんでください。　AとBとではどんなちがいがみられますか？

A		B	A		B
あるく 歩く	—	あゆむ 歩む	むずかしい 難しい	—	かた 難い
とうとぶ 尊ぶ	—	たっとぶ 尊ぶ	はつまご 初孫	—	ういまご 初孫
さそう 誘う	—	いざな 誘う	よご 汚れ	—	けが 汚れ
き （定める）	—	さだ 定める	そば 傍	—	かたわら 傍
め 眼	—	まなこ 眼	ね 値	—	あたい 値
あたま 頭	—	かしら、こうべ 頭	だ 抱く	—	いだ 抱く
あつまる 集まる	—	つどう 集う	たずねる 訪ねる	—	おとずれる 訪れる
あぶない 危ない	—	あやうい 危うい	もと 基	—	もとい 基
おこ 怒る	—	いか 怒る	まじえる 交える	—	かわす 交わす
わらう 笑う	—	え 笑む	はい 入る	—	い 入る
むすぶ 結ぶ	—	ゆう 結う	かつ 勝つ	—	まさる 勝る
かつ 担ぐ	—	にな 担う	ふえる 増える	—	ます 増す

Ａの方が現代語的、Ｂの方が古語的ということが言えそうですね。訓よみには現代語的なよみと古語的なよみが混在しているという特徴を指摘できそうです。

問　でわ、つぎの古語的な訓よみの漢字には、どんな現代語的なよみを対置することが可能でしょうか？

奏(かな)でる　—　奏く（ひく？）	除(のぞ)く　—　除る（とる？）
久(ひさ)しい　—　久い（ながい？）	家(いえ・や)　—　家（うち？）
（希(こいねが)う）—　希む（のぞむ？）	裁(た)つ　—　裁る（きる？）
失(うしな)う　—　失す（なくす？）	費(つい)やす—　費う（つかう？）
愛(いと)しい　—　愛いい（かわいい？）	巡(めぐ)る　—　巡る（まわる？）
額(ひたい)　—　額（おでこ？）	

仕える　—　仕める（つとめる？）、仕らく（はたらく？）

設(しつら)える、設(もう)ける　—　設る（つくる？）、設える（そなえる？）

記(しる)す　—　記す（うつす？）、記く（かく？）、
記める（とどめる？）、　記す（きす？）

このような現代語的な訓よみは、まだあまり見かけませんが、なかには、どこかで使われているかもしれません。漢字に日本語をあてはめるという、訓よみの性格からすれば、可能性はあると思います。時代の推移、ことばの変化につれて、少しずつ古いよみを社会にみあったものに代えていくことは、避けられないことでしょうから。

しかし、常用漢字音訓表の目安のような、たとえゆるやかなものであっても、あたらしい訓よみをどこまで認めるかということは、微妙な、悩ましい大問題であるように思われます。なぜなら、訓よみの許容性を評価するあまり、どうにもよめるという文字をふやすことは、どうよむべきかがはっきりしない（わからない）文字をふやすことに通じて、日本語のよみかきの困難度をますことになるからです。一見、いくつもの訓よみが可能であることは漢字のすばらしい長所のように思われますが、長所と短所は表裏の関係にあり、それは諸刃の剣として長所にもなれば短所にもなりえます。訓よみを広く認めればみとめるほど、漢字としての表語力がそこなわれることにもなり、よみかきの道具としての漢字の役わりを、みずからおとしめる（墓穴をほる）ことになりかねません。

（訓よみは、おくりがなの付け方で差異化をはかれることもありますが、—開(ひら)く・開(あ)く—のように、それができない場合もみられます。）

問　つぎの単語をよんでください。これらの例から、訓よみのどんな性格をみいだすことができますか？

上(のぼ)る、上(あ)がる　　下(くだ)る、下(お)りる、下(さ)がる　　開(あ)く、開(ひら)く

その後(ご)、その後(のち)、その後(あと)　　「……の女(ひと)」　　「……の詩(うた)」

訓よみは類義語の系列におきかえられるということが、言えるのではないかと思います。おきかえが可能だからこそ、先にみたような現代語的なよみもゆるされることになるわけですから。

とすれば、たとえば、光、晃、輝、照、耀、煌、曜という中国語で類義の単語＝漢字は、どれもやはり類義の日本語 ひかる、かがやく、てる、あきらか、てらす、みつる、きらめく、すすむ、つらぬくなどの、どの読みをもてる、ということになるのではないでしょうか？　（たとえば、

光(ひか)る、光(かが)やく、光(て)る、光(みつ)る、光(きら)めく、光(すす)む、光(つら)ぬくなどのような複数の訓読みを)。

(そういえば光子(みつこ)という名まえの人がいますが、それは訓「みつ」「みつる」からきているのかもしれません?)

しかし、今日(こんにち)、「光(ひかり)」は光(ひか)る、「輝(てる)」は輝(かがや)く、「照(てる)」は照(て)る、「煌(こう)」は煌(きらめ)くというように、おおまかではありながらも読みとしての固定が、社会的に承認されているようにみうけられます。つまり、訓が整理され、各漢字に一字一訓的な持ち場が原則的にできあがっているようにみえます。それは、漢字が日本語のよみかきの道具として機能してゆくための、あるべき姿・目標として、見えない社会的な要請のもとに、暗黙のうちに定着してきたもののように思われます。そこには、野放図な訓よみの氾濫が、日本語のよみかきを混乱させることを、するどい嗅覚でかぎとった、日本人の生活の知恵がはたらいているように思われるのです。

問　つぎの漢字をみてください。これらの漢字は、音よみだけをもつとされる漢字ですが、訓よみはないのでしょうか?

案	益	演	恩	害	曜	感	擬	凶	禁	屈	献	項	酷	財	策
察	順	準	証	賞	信	圧	威	賀	概	画	義	京	具	刑	席

そんなことはないでしょう。中国語の単語(漢字)に意味はあるのですから、訓よみをしようとおもえば、できるはずです。しかし、日本人はあえて音よみだけにとどめ、訓よみをつくらないようにしたのでした。たぶん、それは、巨視的な視点に立ったとき、おなじ訓をもつ漢字をむやみに増やすことが、かならずしも言語生活のプラスにならないと見越して、そうすることこそが、結局は漢字を日本語のよみかきに生かす道になると考え

た、総体としての日本人の英知の、無言の意思の結果であるように思われるのです。しかし、それでもまだ同訓異字はたくさんあり、ときとして私たちを悩ませますが……。

14　<部首>２　意味記号

今日は部首の意味について学習したいと思います。

問　つぎの漢字の部首はどれですか？　また、どんな意味がありますか？

針　捨　芳　感　流　胸　住　板

どれもよくしられている部首ですね。意味もわかりますね。

金（かねへん）	＝	金属と関係があることをしめす
扌（てへん）	＝	手でする動作と関係があることをしめす
艹（くさかんむり）	＝	植物と関係があることをしめす
心（したごころ）	＝	きもちと関係があることをしめす
氵（さんずい）	＝	水・液体と関係があることをしめす
月（にくづき）	＝	肉・体と関係があることをしめす
イ（にんべん）	＝	人と関係があることをしめす
木（きへん）	＝	木と関係があることをしめす

問　でわ、みなさんが知っている、そのほかの部首の名前と意味を発表してください。

[刀]かたな……　切　刃　　[力]ちから……　助　動

[口]くちへん……　叫　呑　　[土]つちへん……　坂　堤

[女]おんなへん……　妻　妊　　[宀]うかんむり……　家　寝

[忄]りっしんべん……　悦　悔　　[犭]けものへん……　猫　狼

[火]ひへん　……　焼　煙　　　　　[目]めへん　……　眠　眺

[禾]のぎへん……　租　秋　　　　　[示]しめすへん……　祈　祭

etc.

でわ、部首の意味が生きている漢字をさがしてみましょう。

投、押、芹、茎、怒、悲、汗、涙、腕、腰、作、信、杉、枝……などたくさんあります。注意してみると、部首の意味が生きている漢字は、具体物や具体的な行為が多いようです。不易なものといってはおおげさですが、そのような変化の少ないものや行為をさししめす漢字に、部首の意味がよく保たれているのかもしれません。

問　こんどは、この漢字をみてください。部首と漢字のあいだに、何か関係が認められますか?

[金]　鈍　録　鎮　錦　　[扌]　批　拠　拙　損

[艹]　荷　英　著　荒　　[心]　悠　態　憲　懸

これらの抽象的な意味の単語をかきあらわす漢字では、部首が意味グループとの関係をうしなっていることがわかります。部首分類は、漢字の意味をその構成部分のもつ意味によって体系化することを目的としたものなのですが、言語の発展につれて単語と単語つくりの要素の意味が抽象化し、そのため、部首は当初のはたらきをうしなって、無内容なものになってしまった、ということなのでしょう。このような、部首が意味記号の働きをもたなくなってしまった漢字は、たくさんあります。言語が発展し、抽象的な意味の単語をかきあらわすことが、ますますふえているからです。

問　つぎの漢字の部首はどれですか?　部首の意味は何ですか?

隊　陳　陸　降　……(阝)　　攻　故　政　敗　……(攵)

部首　［阝］　と　［攵］に意味記号としての共通的な意味をみいだすことは、なかなかむずかしいですね。この阝（こざとへん）や　攵（ぼくづくり）のように、意味記号のうち、今日では**意味グループ**をあらわすという働きをほとんどうしなっているものが、たくさんあります。さがしてみてください。

問　　つぎの漢字「男、甥、舅」の部首は何でしょうか？

当然、「**男**」と思いますよね。それで合っているのですが、じつわ1615年の中国の字書『字彙』では、「男部」は廃止され、「男」は「力部」に、「甥」は「生部」に、「舅」は「臼」に移っています。**甥**も**舅**も形声文字であり、「生」「臼」はその音符、「男」は意符にあたりますから、部首を「男」とする方が正しいのですが、『字彙』はあえて理屈によらないことによって、所属文字わずか3字の「男部」を廃止し、検索をより容易にしようとしました。そういえば、「女部」はあるのに「男部」はみたことないな、と不思議に思った人がいたかもしれません。その裏には、このような事情が存在していたわけです。

問　　つぎの漢字は、会意文字の「相、男」です。部首はどこでしょうか？

わかりませんよね。どちらでもよさそうですね。漢字の90%以上をしめる形声文字では、意符の部分が部首になることが多いのですが、会意文字では、構成要素がいずれも「意符」にあたるため、そのうちのどれが部首になるかの判断は困難です。ちなみに、**相**は『康熙字典』と『説文解字』では「目部」に、**男**は『康熙字典』では「力部」に、『説文解字』では「男部」が立てられています。「田部」の字書もあります。

＊　それでは、これまでの学習の整理をしてみましょう。

具体的な意味の単語をあらわす漢字では、**鉄**や**波**や**花**などのように今日でも部首が意味記号としてはたらき、意味を担っているものが、たくさんあることがわかります。しかし、**英**や**拠**や**憲**のように単語あるいわ単語つくりの要素の意味が高度に抽象化すると、これを書きあらわす漢字の意味記号は意味をになえなくなり、部首としての機能が実質的にはなくなってしまうようです。部首は形式的な漢字のくみたて方のうえには残りつづけても、その漢字から意味を知ることは、できなくなってしまいます。たとえば「終」という漢字は、「糸」からは意味はとれません。言語が発展すれば、抽象的な意味の単語がふえます。そして、抽象的な意味の単語が豊富であることが現代の発展した言語の特徴ですから、部首の役割は相対的に低下してしまうことになります。部首はそもそも社会や言語の発展を考慮の外においた歴史主義であり、その点からいっても破綻する運命にあったといえると思いますが、漢字の構造面からもわかりにくいところがあり、そのうえ統合整理や書体の変化とあいまって、まさに半身付随の、身動きのとれない状態におちいってしまった、というのが現状のように思います。

（引用や借用　『にっぽんご７　漢字』や、フリー百科事典『ウィキペディア』「部首」「書体」より）

＊　＜　橋　　枕　　鏡　　駅　　槍　　鯨　＞　橋は、現在では木ではなく鉄やコンクリートで造られることが普通です。枕はスポンジや布で作られています。木の枕というのは見たことがありません。駅では馬ではなくて、電車やモノレールが人を運んでいます。このように、漢字は社会の変化についていくことができなくて、意味記号が現実とずれてしまうことがあります。意味記号が脱けがら(化石)のようになってしまうのです。

15　<訓よみ>２　訓よみの歴史性

問　「訓」「訓よみ」といいますが、**訓**とはどういう意味をもった漢字なのでしょうか？　そして、「**訓よみ**」はどう定義されるべきなのでしょうか？

「訓」と「訓よみ」について、ウィキペディア「訓読み」の項目を要約してみることにします。

訓のくんよみは「よむ」であり、くわしくは「ときほぐしてよむこと」、つまり漢字の意味をやさしく解説したり、いいかえたりすることを意味します。日本では、**やまとことば**に翻訳することを意味しました。翻訳という性格から、訓は、一つの漢字に対して複数存在し、固定的ではありませんでした。これは、漢字が、もともと中国語を表記するための文字であり、日本語の語彙と〈一対一対応〉しないからでしょう。しかし、漢文訓読の方法の発達とともに、一義（字）一訓のかたちにしだいに訓が限定されていき、室町時代には訓がかなり固定化されました。こうして、漢字に固定的なよみとしての「訓よみ」が成立し、日本語を漢字で表記することに無理がなくなっていきました。

＊**湯**は、中国語では「スープ」、日本語では「おゆ」の意味で、翻訳によるズレがある。このような例は、ほかにも。

訓よみ
その漢字の意味に日本語をあてはめたなかで、漢字と日本語との対応関係が固定化したよみ。ｏｒ　個々の漢字に固定的にむすびついた日本語のよみ。その漢字に対する**よみ**としての固定が社会的に承認されたもの。

よく「訓よみ」の説明として、いわば「その漢字の意味です」というような言い方がされますが、すこし荒っぽすぎて正確さを欠くと思います。

歴史的に固定化され、社会的に承認されたという点が大事なのでは……。

問　動詞「おもう」の意味を考えてみましょう。また、漢字「思」と類義の関係にある漢字をさがしてください。

心を働かす、判断する、思慮する、心に感ずる、もくろむ、願う、期待する、おしはかる、予想する、想像する、予期する、心に定める、決心する、心にかける、憂える、心配する、愛する、慕う、いつくしむ、大切にする、思いおこす、思い出す、回想する、……

判　定　察　考　志　望　念　願　省　顧
慮　感　想　案　覚　憂　悟　認　意　応
懐　慨　嘆　愛　恨　憾　憎　偲

問題はあるかもしれませんが、たとえば、これらの漢字＝単語に「おもう」という和語をあてはめることは、翻訳ですからできないわけではないでしょう。しかし、日本人は、判＝わかる、定＝さだめる、考＝かんがえる、懐＝いだく、嘆＝なげく、恨＝うらむ、憎＝にくむ、志＝こころざす、望＝のぞむ、願＝ねがう、省＝かえりみる、慮＝おもんぱかる、覚＝おぼえる、悟＝さとる、憂＝うれえる、認＝みとめる、偲＝しのぶ、——のように、個々の漢字に和語をふりあてて歴史的に固定化させ、「思」に「おもう」を固定化させました。そして、**察、念、感、案、応、愛**には和語をあてることをさけて、「察する」「念ずる」「感ずる」「案ずる」「応じる」「愛する」のような字音を活用した和語化をはかって、語彙をさらにゆたかにしました。「想」についてはニュアンスのちがいによる「おもう」という訓がのこり、「思」とかさなりますが、それでもこうした賢明な知恵によって、多くの訓のダブリが解消され、漢字は日本語のよみかきに欠かせないものとして、人々に愛され現在にいたりました。

万葉集では**落**に＜チル、フル、オツ＞などの訓が、**思**に＜オモウ、シノブ＞などの訓がもちいられましたが、しだいに　落──→オチル、思──→オモウ　に固定化されて、一字多訓が整理されました。また、**情**や**心**にもちいられた訓＜ココロ＞が──→**心**に、**念**や**思**にもちいられた訓＜オモウ＞が──→**思**に統一されて、一訓多字が解消されました。（＊**情**には、＜なさけ＞という訓が固定化された。）このように、総体的な動きとしては、漢字と訓との一対一の関係が、遠い目標として指向されてきた、といえるでしょう。

問　**着**の訓＜着(き)る＞と＜着(つ)く＞、**苦**の訓＜苦(くる)しい＞と＜苦(にが)い＞、**足**の訓＜足(あし)＞と＜足(た)りる・足(た)す＞、とのあいだには、どんな関係があるのでしょうか?

このなかでは、**苦しい**と**苦(にが)い**がどちらも否定的な意味あいを帯びているという点で、どこかわかるような気もしますが、＜**キル**と**ツク**＞、＜**アシ**と**タリル・タス**＞については、日本語ではまったく別の単語で、同一の漢字で書かれることのつながりが、すぐにはおもいうかびません。「これは、中国語の単語の意味の幅を、日本語のひとつの訓だけでは覆いつくすことができないことを示すものだ、といえるでしょう。そのおおいつくせない**はみだし部分**は、べつの訓でおさえるしかありませんが、単語における意味派生のあり方は多様で、しかも意味の拡大や縮小は間断なくおこなわれますから、漢字と訓、訓と訓とのあいだのずれは大きくなる一方です。」（梅棹忠夫の著作より、注）　そのため、先にみたような、即座にはそのつながりが理解できない場合が、しばしばおこることになります。この点は漢字教育だけでは、たぶん解決できない問題であり、語彙教育のなかで、単語の基本的な意味と派生的な意味との関係や、風土の反映としての中国語と日本語のちがいを学ぶなど、総合的な理解を深めていくしか、方法はないのではないかと思います。

（注）「　　」内は、梅棹忠夫氏の著作からの引用です。書名を明記したいとおもい、手をつくしてみましたが、確認できませんでした。ご教示いただければ、ありがたいです。経緯としては、ひとつの漢字の訓読みに、日本語ではまったく別の単

語があてられていることのわけを知りたいと思い、梅棹忠夫さんが日本語について積極的な発言をされていると聞いて、図書館から何冊かかりて見たときに、偶然その箇所にぶつかりました。そのときはとてもうれしくて、梅棹忠夫の名前だけははっきり記憶しています。

常用漢字表の**目安化**によって、いわば訓が解禁されたのですが、それは、訓よみの歴史からながめたばあい、一字一訓の方向性をつきくずすものであり、むしろ逆行であるかもしれません。日本語のよみかきの困難度をまし、この国際化の時代に外国人の日本語習得をさまたげ、日本の孤立化に奉仕するだけのものかもしれません。はては、学力不振が喧伝されるなかで、その主因とも考えられる児童の読書ばなれを、いっそう促進する一助をなすだけのものかもしれません。そんな心配が頭をよぎります。漢字の問題は一筋縄でいくものではありませんが、世界にひらかれた平明な日本語をきずきあげるという、私たちのスタンスが問われていることだけは確かなことのように思われますが……。

16　＜漢字の表音性＞1　形声文字

問　「工事」「工業」の**エ**の音をつかって漢字の組合せをつくってみました。読んでください。

こうこう	こうせき	こうしゅ	こうげき	ようすこう
口工	工績	工手	工撃	揚子工
こうはく	こうけん	こうもく	こうさい	こうもん
工白	工献	工目	工彩	工門

どうですか？　どんな感じがしますか？　意味がわかりますか？　慣れないせいもあると思いますが、違和感がありますね。その単語の単語らしさというものが感じられなくて、意味がよくわかりません。それは、たぶん、単語の要素の意味がとらえられないために、単語の意味そのものが、つかみにくいからではないかと思います。

問　ふつうの表記に直しました。読んでください。

(1) 口腔	(2) 功績	(3) 巧手	(4) 攻撃	(5) 揚子江
(6) 紅白	(7) 貢献	(8) 項目	(9) 虹彩	(10) 肛門

こんどはどうですか？　単語の意味がよくわかりますね。なぜでしょうか？　意味記号がつけくわえられたことで、要素としての意味がはっきりし、音符「**エ**」だけでは曖昧だった単語の識別が可能になって、単語の意味がとらえやすくなったからだと思います。しらべてみると、**コウシュ**には好手、工手、拱手など、**コウゲキ**には抗撃、**コウハク**には黄白や皓白、**コウモク**には綱目、**コウサイ**には光彩、**コウモン**には校門、後門、閘門、黄門、孔門、港門などの同音語がありますから、確かに**エ**だけでは漢字の単語文字としてのはたらきが十分には果たせないということになります。しかし、音符「工」にあらたに意味記号がつけくわわることで、同音異義

語の区別が明確になり、要素と単語とのつながりもみえてきて、単語の理解が格段に容易になった、というふうに考えられるのではないでしょうか？

問　みなさんは「形声文字」ということばを聞いたことがあると思います。形声文字は「**形声**」という方法でつくられた文字で、現在の漢字の大部分（9割）をしめるといわれています。二つの文字を合わせて、一方からは音＝音記号、他方からは意味＝意味記号をとって、新しく文字をつくり、それによって単語の音と意味をしめしたものですが、さきほどの例で確かめてみましょう。

肉（にくづき）	＋	空	→	腔	力	＋	工	→	功
攴（攵）	＋	工	→	攻	氵	＋	工	→	江
糸	＋	工	→	紅	貝	＋	工	→	貢
頁（あたま）	＋	工	→	項	虫	＋	工	→	虹
肉（にくづき）	＋	工	→	肛					

（**巧**は、字書では**丂**が音符とあり、**工**の字源はさしがねや定規の形とある。）

この形声原理の発明は、漢字の発展のうえで画期的な転機をもたらしました。形声をのぞいた象形・指事・会意の三つの原理でできあがった文字だけでは、その数が限られており、中国語のすべての単語をあらわすことはできません。それを補うために、「工」の例でしめしたようないわゆる「あて字」が行われたのですが、いったん形声の原理で形式があたえられると、任意の結合によって、いくらでも新しい文字をうみだすことができるようになりました。そのため、ひとつひとつの単語が、ひとつひとつの漢字と結びつけられ、一語一字の原則が確立しました。（『にっぽんご7　漢字』「漢字の　なりたち(2)　あわせ文字」参照）　そうして、このことは漢字の最大の長所（＝表意性）ともなり、また最大のアキレスケン（＝数の多さ）にもなっていきました。

問　　つぎの漢字から、どんな単語や意味をおもいうかべますか？

然　　　要　　　其　　　云

しらべてみると、じつわ現在の使われ方とはちがって、**然＝もえる、要＝こし、其＝み、云＝くも**（そらの）というのが、本義だということです。「ええっ、だって　燃、腰、箕、雲　があるじゃない……？」。でも、それは後のはなし。あて字として使われているうちに、あて字のほう＝然り（しかり）、要（かなめ）、其（そ）の、云々（うんぬん）（はなす）が優勢になってしまい、本義のほうがかすんでしまう事態が生じたのです。そこで、生みだされたのが形声の原理です。「然、要、其、云」に意味記号「火、肉、竹、雨」をつけたして、「燃、腰、箕、雲」の文字を新たにつくり、それを、あらためて本義をあらわす字としたのです。いわば、「庇を貸して母屋をとられた」というわけですが、しかし、この形声の原理によって、単語の弁別性は高まり、漢字本来の単語文字としての機能が回復されることになりました。歴史的にみると、このような、音符が先にあって、後から意符がつけくわえられた例が、すくなくないようです。

＊　でわ、きょうの学習の整理をしてみましょう。

「漢字は単語と単語つくりの要素とをあらわす文字であって、表意=表音的な性質をもっています。このことと関係して、漢字のほとんどが形声文字であるという状態がつくりだされました。ひとつの漢字で、単語の意味と音とを同時にあらわすために、形声という文字のつくり方がいちばんいいのです。形声というあたらしい漢字のつくり方のおかげで、いちいちの漢字は、意味の側面から、音の側面から相互に結びつき、すべてがあつまって文字体系をなすようになりました。」（『にっぽんご７　漢字』「現代の漢字の　くみたて」p. 22）

形声文字がつくられるためには、音をになう部分がなければなりません。音をになう部分としてはたらく漢字がなければ、形声という造字法は成り立ちようがありません。この音をになう部分が成分として成立・確立するまでには、助走期間として仮借（あて字）が先行しました。あて字＝仮借は、漢字を表音的にうつしかえることですから、それが一般化すると、その漢字は音をになう成分として社会的に認知されていきます。はじめにみた「工」も、それが音記号の成分としてつかわれるまでには、きっとあて字として使用された相当な期間があって、そのうえで音記号としての機能がはたせるようになったのだと思われます。

17　＜漢字の表音性＞2　音記号と漢字の表音性

問　次の漢字をみてください。　どんなことがわかりますか？

日	と	月	→	明	明	と	皿	→	盟
女	と	又	→	奴	奴	と	心	→	怒
五	と	口	→	吾	吾	と	言	→	語
木	と	目	→	相	相	と	雨	→	霜
雨	と	云	→	雲	雲	と	日	→	曇
大	と	可	→	奇	奇	と	馬	→	騎

- あわせ文字にも、単純なあわせ文字と、複雑なあわせ文字がある。
- ある漢字が、他の漢字の部分（部品）になるということで、漢字のあいだで重層的な関係がかたちづくられているのではないかとも思える。
- 単純なあわせ文字が、複雑なあわせ文字の音記号としてはたらいているものがある。

問　次の単語をよんで、気がついたことを挙げてください。

(1)　召集　招待　昭和　湖沼　照明　紹介　詔勅　→　ショウ・召
(2)　青春　清冽　晴天　精神　静穏　懇請　→　セイ　・青
(3)　同情　胴体　銅像　洞窟　恫喝　→　ドウ　・同
(4)　妨害　子房　宿坊　防犯　脂肪　紡績　傍観　誹謗→ボウ・方
(5)　芳香　放送　模倣　訪問　彷徨　方針　→　ホウ　・方
(6)　星座　犠牲　生活　姓名　性格　覚醒　→　セイ　・生
(7)　直径　経済　軽快　地下茎　刎頚　→　ケイ　・圣
(8)　探検　危険　倹約　剣道　試験　石鹸　→　ケン　・僉
(9)　販売　反対　登坂　版権　炊飯　叛旗　鋼板　→　ハン　・反

- 共通する音と、音記号とみなせる部分がある。
- 提示された漢字の範囲では、形声文字の音記号の機能がそれなりに保たれているようにみえる。

・　音記号「方」の音、ホウとボウは、ちかい音である。
・　昭(召)、星（生）のように、あわせ文字も、また音記号としてはたらくものがある。

問　下線の漢字から、音記号と音をとりだしてください。

A．　各地　体格　内閣　落第　連絡　酪農　上洛　烙印
　　駱駝　客室　省略　線路　額縁
　　　　　　　　　（各）カク、ラク、キャク、リャク、ロ、ガク
B．　注意　円柱　駐車　主張　住宅　往来
　　　　　　　　　（主）チュウ、シュ、ジュウ、オウ
C．　税金　遊説　論説　悦楽　脱出
　　　　　　　　　（兌）ゼイ、セツ、エツ、ダツ
D．　駅頭　選択　潤沢　翻訳　解釈
　　　　　　　　　（尺）エキ、タク、ヤク、シャク
E．　納涼　捕鯨　景観　上京　掠奪
　　　　　　　　　（京）リョウ、ゲイ、ケイ、キョウ、リャク
F．　渓谷　容器　余裕　欲求　風俗
　　　　　　　　　（谷）コク、ヨウ、ユウ、ヨク、ゾク

これらの例の場合には、その優劣の差はあるとしても、数個もの、かなり異なった音（よみ）をもち、音記号が音記号としての役割をほとんどはたしていないといえる。

＊　ここまでの学習の整理をしてみましょう。

「漢字は、中国語をかきあらわすために、三千年前ごろにつくられた文字であって、今日にいたるまで中国のいろんな地方でつかわれてきました。数千年のあいだ、中国語はすこしずつ発達し、変化しつづけたのですが、おなじ漢字が、その時代、その地方の中国語を書きうつすためにつかわれま

した。ですから、一つひとつの漢字は、ことなる時代で、ことなる地方で、中国語のちがいにあわせて、よみ方がすこしずつちがっています。この漢字を、むかしの日本人は、ことなる時代に、ことなる地方から漢語とともにとりいれたので、日本の漢字には、いくとおりかの音読みができてしまいました。漢字の音は、中国での漢字のよみ方をそのままとりいれたものですが、かならずしも、中国でのよみ方とおなじだとはいえません。漢字をとりいれたときに、日本人は、日本語の音声体系にあわせて、そのよみ方をつくりかえています。」(『にっぽんご７　漢字』「日本の　漢字音」p. 44)

意味記号と音記号とからくみたてられるという形声文字の原理は、一部の漢字については、今日でもまだかなり強く生きている、といえそうです。ですから、形声文字の原理は、十分とはいえないまでも、漢字学習の役にたちます。しかし、音記号の「各」「主」「兌」「尺」「京」などのように、さかんにつかわれる構成要素ではあっても、いくつもの異なる音をあらわして、音記号としてのはたらきを、ほとんどはたせなくなっているものもみられます(むしろそういう例がけっこう多いと思えます)。単語の音がうつりかわったために、音記号がさまざまな音をになうようになったのかもしれませんが、そうなると、音記号が形声文字の形式的なくみたて方のうえにはのこりつづけても、音をしめすという機能は、実質的には弱まりつつある、ということがいえそうです。そのため、漢語を漢字で書いたとしても、その漢字から漢語の音をしることはできなくなりました。たとえば「終」「細」「院」「拡」という漢字は、「冬」「田」「完」「広」からは音はとれません。漢字には「表音性」がもちろんあるのですが、強くはない、はっきりいって弱い、と言わなければならないでしょう。形声文字の原理は完全に死んでしまったわけではないにしても、意味記号が意味をになえなくなり、音記号が音をになわないようになって、崩れはじめている、といってよいと思います。

18　<表記と漢字>

問　つぎの単語は戦後の当用漢字表の制定にともなって、**同音の漢字による書きかえ**がおこなわれたものの一部です。どのくらい抵抗をおぼえますか？　ここから、どんなことをよみとりますか？

散水（撒水）	愛欲（愛慾）	安逸（安佚）	暗影（暗翳）
暗唱（暗誦）	案分（按分）	暗夜（闇夜）	衣装（衣裳）
遺跡（遺蹟）	一丁（一挺）	慰謝料（慰藉料）	陰影（陰翳）
英知（叡智）	炎（焔）	援護（掩護）	園地（苑池）
憶説（臆説）	恩義（恩誼）	外郭（外廓）	快活（快濶）
戒告（誡告）	開削（開鑿）	回送（廻送）	回虫（蛔虫）
回復（恢復）	壊滅（潰滅）	活発（活潑）	干害（旱害）
肝心（肝腎）	企画（企劃）	記章（徽章）	管弦楽（管絃楽）
凶悪（兇悪）	供応（饗応）	御者（馭者）	技量（技倆）
係属（繋属）	決起（蹶起）	交差（交叉）	広大（宏大）
香典（香奠）	広報（弘報）	興奮（昂奮、亢奮）	枯渇（涸渇）
混迷（昏迷）	酢酸（醋酸）	座視（坐視）	雑踏（雑沓）
刺激（刺戟）	収集（蒐集）	書簡（書翰）	叙情（抒情）
侵略（侵掠）	尋問（訊問）	先端（尖端）	退廃（頽廃）
台風（颱風）	嘆願（歎願）	短編（短篇）	暖房（煖房）
沈殿（沈澱）	手帳（手帖）	転倒（顚倒）	踏襲（蹈襲）
途絶（杜絶）	抜粋（抜萃）	反逆（叛逆）	腐食（腐蝕）
符丁（符牒）	辺境（辺疆）	保育（哺育）	防御（防禦）
放棄（抛棄）	包帯（繃帯）	膨大（厖大）	包丁（庖丁）
補導（輔導）	摩滅（磨滅）	保母（保姆）	盲動（妄動）
野卑（野鄙）	落盤（落磐）	理屈（理窟）	連合（聯合）
湾曲（彎曲）			

新表記でも、すこしも抵抗を感じないものとか、旧表記のほうが、なに

かいいような気がするものとか、いろいろだと思います。その受け止め方は、人によって異なることでしょう。が、言えることは、旧表記をしらない人間にとっては、現行の表記におそらく疑問をいだくこともなく、それが当はりまえだと理解しているだろう、ということです。たとえば、「慰謝料」と書かれていようが、「慰藉料」と書かれていようが、日常生活での単語の理解においては、まったく差がないものと思われます。「いしゃりょう」という単語は、合成語から単純語への移行がすすんで、漢字の要素に分解する必要がなくなってしまったのです。

でわ、慰謝料と書かれようが慰藉料と書かれようが、それが一個の単語として通用するという事実が意味するものは、何なのでしょうか？　日本語では、ひらがな・カタカナ・漢字・ローマ字・漢字ひらがな交じりの、どの方法でも単語の表記ができますが（つまり、表記の様式にかかわらず単語として通用し、また同じ漢字でも旧字体や新字体による表記が可能ですが）、それは、表記というものが単語にとっては**形式**にすぎないもの、**二次的なもの**だ、ということを意味しています。あえて、誤解をおそれずにいえば、単語の意味の理解には、文字のちがいはほとんど関係ないのです。盲人は、漢字なんか相手にせず、点字で文学作品を理解しています。文字はちがっても、一単語としてうけとめられるのです。昔から、単語の表記にしばしば当て字や略字がつかわれますが（また熟字訓といわれる表記もみられますが）、そのことは、単語の表記が「形式」であることの、明白な証拠です。いうなれば、単語という実体がどんな洋服を着て（＝形式で）文のなかに立ちあらわれるかというのが表記の本質なのであり、そこに（漢字に）特別な意味（価値）をみようとすることには、無理があるのです。漢字の表面的な美しさ･みかけ（＝形式）にまどわされてはいけないのです。そして、この点は、表記が理屈ではなく、慣れが解決してくれる問題であることをも、示唆しているように思います。

ところが、漢字崇拝論者は、表現の「形式」にすぎない表記（＝漢字）に、絶対的な価値をみとめてはばかりません。「漢字こそ絶対だ」というのが、彼らの立場です。／絶対に「**正字**」である旧字体の「慰藉料」「撒水」「愛慾」でなければならず、「慰謝料」「散水」「愛欲」などというのは、もってのほかである。日本語がそこなわれ、日本文化をほろぼす／、と彼らは声高にさけびます。戦後70年をすぎた今になっても、狼の遠吠えのように執拗な攻撃をやめようとはしませんが、それは、漢字の書きかえの事実が、彼らの奉じてやまない「漢字の絶対性」をつきくずすことになるからです。だから、彼らは、どうしてもがまんがならず、繰り言を吐かずにはいられないのです。しかし、彼らの言い分たるや、たとえ日本語への愛着と誇りを感じるあまりのものだとしても、漢字の美＝「形式」を至上のものとし、表記の本質に目をふさいだ、主観的な（一面的・表面的な）時代錯誤というべきもののように思います。

話はとびますが、かつて、国政の主要課題だった「ういた年金問題」も、その根っこには、漢字が「障害」として横たわっているのではないでしょうか？　5千万件ともいわれる膨大な件数の背後には、当時の社会保険庁の怠慢というだけでは説明しきれない、根本的な問題が存在しているはずで、それは**漢字**であったと思われます。電算化の過程で、氏名の読み方の困難さに遭遇し、あわてふためき困惑している様子が目に見えるようです。社会保険庁を悪玉にしたてて済ませてよい問題ではなく、正字だの本字だの俗字だのとラチモナイことを得意げに振りかざしてきた日本社会の、「硬直的な漢字観」がもたらした、必然ともいえる「悲（喜）劇」と、とらえるべきだと考えます。個々人の「美意識」＝漢字へのこだわり＝を放置（尊重？？）してきた、日本社会の**漢字崇拝の負の遺産のツケ**を、いま払わされているということなのではないでしょうか？

問　つぎの文の＿＿＿部分の表記で、慣用に照らしてもっともふさわしい漢字はどれでしょうか？　＜　　　＞のなかから選んでください。

1　「先生！　あきら君は　私を　箒で　うちました。」

＜　打、拍、撲、殴　＞

「AをBで—」　A:具体名詞（対象)、　B:具体名詞（道具)、　／たたく／

2　「私は心臓に痛みを感じた。うたれたのだと私は思った。」

＜　射、撃、打　＞

「AをBで—」　A：生物（まれに無生物)、B：鉄砲のたぐい、／あてて傷つける／

3　「……阿部一族をうちに遣った二十一日の日には……」

＜　討、征、伐、滅　＞

「Aを—」　A：敵を表わす、　／攻めほろぼす／

4　「……四隅へ釘をうって下さる。」

＜　打、撲、拍、叩　＞

「AをBに—」　A：具体名詞（先のとがったもの)、　B：具体名詞、／打ち込む．たたいてくいこませる／

慣用的には、1の場合は「打」、2は「射」、3は「討」、4は「打」とするのが、ふつうのようです。しかし、他の漢字で表記したとしても、必ずしもまちがいだとはいえないでしょう。なぜなら、単語の表記は音声にくらべて二義的な形式であり、その表記に絶対性をおくことはできないからです。和語の漢字表記は慣用であり当て字ですが、それは、とりもなおさず、形式としての表記の一つの姿(表現形式)にほかならない、ということなのではないでしょうか？

はじめにふれた旧表記（旧字体）と新表記（新字体）の点にもどると、それも広い意味での表現形式のちがいであると捉えられるとすれば、ことさらに旧字体にこだわる必要もなく、書き換えの事実をふくめて新表記をうけいれてもよいのではないか、と考えます。単純語化がすすんだ単語の場合には、要素としての漢字が意味をもたなくなるわけですから、それほど違和感がなければ、同音の漢字による書き換えができるということになります。それは慣れの問題です。平明さや書きやすさ、早書きの便利さなどをもとめる時代の趨勢からいえば、必然性があったと言ってもよいように思います。だからこそ、国語改革は、多くの国民から支持されて、成功をおさめたのです。

19　＜漢字の表音性＞3　連濁・転音と漢字の表音性

問　つぎの単語をよんでください。どんな単語がくみあわさっていますか？　よむときに連濁をしますか？　連濁のなし・ありで よみくらべてみましょう。

						A		B
磯釣り	…	磯	＋	釣り	→	いそつり	→	いそづり
色紙	…	色	＋	紙	→	いろかみ	→	いろがみ
炭火	…	炭	＋	火	→	すみひ	→	すみび
旅人	…	旅	＋	人	→	たびひと	→	たびびと
麦畑	…	麦	＋	畑	→	むぎはたけ	→	むぎばたけ

問　よんでみて、どうですか？　Aのように連濁させない場合と、Bのように連濁させる場合とでは、どちらが言いやすいですか？

Bのように連濁させた場合のほうが言いやすかったのではないかと思います。日本語ではあわせ単語をつくる場合に、このように連濁をおこすことがよくみられます。理由はそのほうがいいやすいから……？　よくはわかりませんが、その音、もしくわ次の音がすくない労力で（低いエネルギーで）楽にだせる、ということなのではないかと思います。いま省エネがさけばれていますが、私たちは、ことばを口にするときに無意識のうちに省エネを実践しているということなのかもしれません。

> あわせ単語が　つくられる　とき、　あとの　部分の　はじめの　音が　にごる　ことが　あります。　これを　**連濁**（れんだく）と　いいます。

（『にっぽんご6　語い』p. 67）

問　でわ、連濁のある　あわせ単語を　さがしてみましょう。

寒空（さむぞら）　芽生え（めばえ）　日照り（ひでり）　靴擦れ（くつずれ）　霜枯れ（しもがれ）　火膨れ（ひぶくれ）　里帰り（さとがえり）

病院通い（びょういんがよい）　ぎゅうぎゅう詰め（づめ）　県境（けんざかい）　宙返り（ちゅうがえり）　素手（すで）　下駄箱（げたばこ）

小皿（こざら）　眠り薬（ねむりぐすり）　初氷（はつごおり）　大通り（おおどおり）　泣き顔（なきがお）　虫歯（むしば）　雨戸（あまど）

泡立つ（あわだつ）　手放す（てばなす）　裏返す（うらがえす）　名高い（なだかい）　腹黒い（はらぐろい）　手早い（てばやい）　草深い（くさぶかい）

身軽な（みがる）　甘酸っぱい（あまずっぱい）　色白な（いろじろ）　国々（くにぐに）　時々（ときどき）　口々（くちぐち）　大食い（おおぐい）

殴り書き（なぐりがき）　苗木（なえぎ）　鼻血（はなぢ）　水鉄砲（みずでっぽう）　谷川（たにがわ）　山寺（やまでら）　干し柿（ほしがき）

屋根瓦（やねがわら）　横笛（よこぶえ）　犬橇（いぬぞり）　腕時計（うでどけい）　バネ仕掛け（ばねじかけ）　火花（ひばな）　親会社（おやがいしゃ）

朝風呂（あさぶろ）　雨蛙（あまがえる）　口走る（くちばしる）　力強い（ちからづよい）　猫舌（ねこじた）　猿知恵（さるぢえ）　竹筒（たけづつ）

石橋（いしばし）　長靴（ながぐつ）

このように用例をみつけることに困ることはないくらい、連濁の現象は、日本語にとっては日常的･法則的な出来事であるといえます。

問　連濁の現象は、上記のように、あわせ単語でも和語の場合に多いようですが、漢語の場合にもみられます。漢語で連濁する例を、さがしてみましょう。

とうざい	なんぼく	とざん	かぶそく
東西(とうさい)	南北(なんほく)	登山(とさん)	過不足(かふそく)
きんじょ	ざんぱん	かざん	ようがし
近所(きんしょ)	残飯(ざんはん)	火山(かさん)	洋菓子(ようかし)
はいぼく	こうずい	にんずう	ゆうづう
敗北(はいほく)	洪水(こうすい)	人数(にんすう)	融通(ゆうつう)
あんざん	あんざん	ぎんざいく	
安産（あんさん）	暗算（あんさん）	銀細工（ぎんさいく）	
だいがいしゃ			
大会社(だいかいしゃ)			

問　つぎの単語をよんでください。　どんな現象がみられますか？

ふなうた	こかげ	さかだる	こずえ	あまど	しらすな
舟歌	木陰	酒樽	木末	雨戸	白砂
しらうお	かざぐるま	むなげ	しらぎく	こさめ	
白魚	風車	胸毛	白菊	（小雨）	

あわせ単語の、はじめの部分のおわりの音が、かわっていますね。これを転音といいます。転音も連濁とおなじように、そうすることでより楽に（より低いエネルギーで）なめらかな発音ができる、ということだと思いますが、響きのよさや音のきれいさといったデリケートな感性的な要素も、そこには加わっているのかもしれません。

> あわせ単語が　つくられる　とき、　まえの　部分の　おわりの音が　かわる　ことが　あります。　これを　**転音**(てんおん)と　いいます。

（『にっぽんご6　語い』p. 68）

＊　小雨(こさめ)（こあめ→こさめ）は、転音・連濁の複合的な現象とみなしてよいか？

問　つぎの単語の表記は、どちらが正しいですか？

・はなぢょうちん	・はなじょうちん
・コーヒーぢゃわん	・コーヒーじゃわん
・たからじま	・たからぢま
・はなぢ	・はなじ
・あかづきん	・あかずきん
・いちりずか	・いちりづか
・うでずもう	・うでづもう
・がまんずよい	・がまんづよい

日本語の正書法のきまりでは、ふつうは「じ」「ず」をつかいますが、連濁によって「ち」「つ」がにごるときには、「ぢ」「づ」で書きあらわします。

*連濁とはちがいますが、ひとつの単語のなかで同音の連呼とよばれる音声的な連続がみられる場合にも、例外的に「ぢ」「づ」をつかいます。(縮み=ちぢみ、鼓=つづみ)

＊　これまでの学習の整理をしてみましょう。

連濁・転音という現象は、日本語ではきわめて一般的・法則的であるといえますが、あわせ単語が漢字で書かれている場合には、その音声形式は漢字ではしめされませんから、判断ができません。しばしば問題になるのが、氏名のよみかたです。「山崎、やまさきです。やまざきではありません。」「雨宮、あめみやです。あまみやではありません。」などと言われることがありますが、よぶ方に非があるわけではありませんから、よばれる方も寛容さが必要です。どうしてもアイデンティティーが許さず、不快だという人は、必ず氏名に**ふりがな**をつけるか、いつでも**かながき**にするしかありません。連濁・転音の学習は、語彙教育において欠かすことができない内容である、といえると思います。

20　＜文字＞３　　漢字の特性、漢語の標語性

問　つぎの文をよんでください。なにか矛盾をかんじませんか？

・「わたしには兄と妹の**兄弟**がいます」
・「ぼくは姉と兄と弟と妹の５人**兄弟**です」
・「わたしは弟２人、妹１人の４人**兄弟**です」
・「ぼくの**兄弟**は、姉２人です」

「きょうだい」という単語は兄弟とかかれることがふつうですが、きょうだいに女の人がいる場合には、どうしても「兄弟」という文字の表意性が目にはいり、抵抗をかんじてしまいますね。そのため、昔から新聞や雑誌では、その表記をどうするかに腐心し、さまざまな試行がかさねられてきました。下記の例は、きょうだいという発音を意図してかかれたと思われるものです。「きょうだい」とひらがな表記すればすむことですが、字数を節約するために、漢字をつかった簡潔な表現をめざしたものでしょう。が、なかなかよい知恵はないようです。このなかには、姉妹（しまい）、弟妹（ていまい）、姉弟（してい）という別のよみもあるため、きょうだいとよむべきかどうか迷うものがありますが、きょうだいとよむほうがしぜんだと思われる場合も数多く存在します。この「きょうだい」の表記の場合、自分をのぞいた「きょうだい」をさしている場合と、自分をふくめてさしている場合とがあるようですが、そのへんの読み取りは、けっこうむずかしいところがあると思います。

＜兄弟　　姉妹　　兄妹　　姉弟　　弟妹　　妹弟　　兄姉
　姉兄　　兄姉弟　　（姉姉弟）　　姉弟妹　　兄姉弟妹＞

問　でわ、このような漢字の表意性がじゃまになってしまう例をさがしてみましょう。

赤い白墨　　黄色い白墨　　黒い白鳥　　緑色の黒板

こういう表記は自己矛盾ですね。「赤いチョーク」「黄色いはくぼく」「クロハクチョウ」のように同義語におきかえたり、ひらがなやカタカナ表記にかえないと落ちつきません。（同一種の鳥に対して、色の違いで「白鳥」「黒鳥」という別の呼称をあたえることは、混乱をもたらします。）

黒板にたいしては、最近はホワイトボード（白板）という類義語がつかわれることも多くなりました。白色板を黒板とよぶことには、どうしても抵抗を感じてしまうためでしょう。

問　よんでください。どうよみますか？

母子　　母娘　　父子　　親娘　　父娘　　親子

すこし困った人もいたのではないでしょうか？　ぼし＝母子、ふし＝父子　と読めるものもありますが、おやことよむことができそうですね。この場合は「兄弟」の表記のように矛盾があるわけではありませんが、よみとしては確立されていないため、よむときに苦労がともないます。このような、単語としてのよみが確立していないのに、単語のようにあつかわれる**半単語**は、けっこうたくさんあります。視覚語といったりもするようですが、よめなくても、それでも通用するというのは、たしかに漢字の便利さではありますね

（用例：かねこ・ひさかず「キョウダイという単語などの漢字表記」『教育国語』86号）

問　よめないけれど、なんとなく意味はわかるという「半単語」をさがしてみましょう。

次妹（じまい？→すぐ下の妹） 捕邪飛（ほじゃひ？→キャッチャーのファールフライ）

野選（やせん？→フィルダーズ・チョイス、野手選択）
中前打（ちゅうぜんだ？→センター前ヒット）
適時打（てきじだ？→タイムリーヒット）
捕逸（ほいつ？→キャッチャーのパスボール）
遊失（ゆうしつ？→ショートのエラー）
今夏（こんか？→今年の夏）
元夫（げんふ？→元の夫）

このような半単語はそのままではよめませんから、ふさわしい同義語におきかえることが必要になります。紙面をみながら自分で読むときはいいとしても、だれかに読んであげるような、声にだしてよまなければならない場合には、すこしこまりますね。

問　つぎのような標識は、どちらが見やすく、わかりやすいですか？

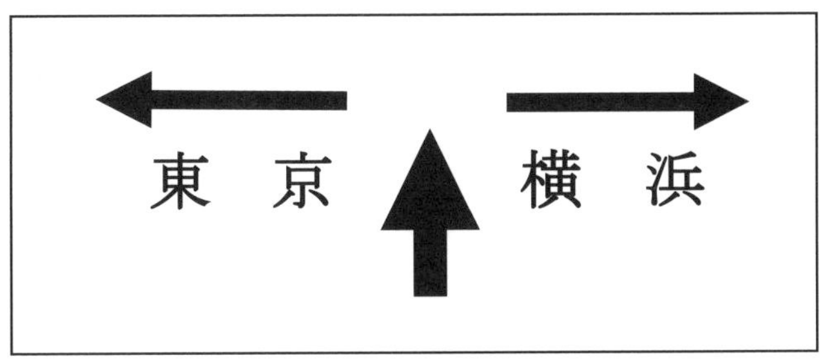

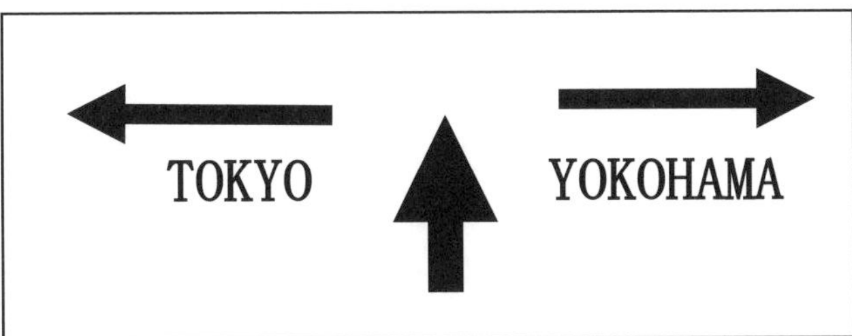

日本人なら、漢字表記に軍配を上げる人が、きっと多いと思います。文字

数がすくない分、文字を大きくすることも可能で、それだけ見やすく、わかりやすいといえる部分もありますし、表音文字と単語文字とのちがいといえば、それまでですが、この点について、漢字の特質をたかく評価する意見がみられます。

——漢字は瞬間把握力にすぐれ、記憶しやすく、識別が容易であり、信号効果として無類の力を発揮する——

問　大東亜共栄圏　国際貢献

このスローガンから何を連想しますか？

文字面（づら）をなぞるかぎり、文句のつけようのないすばらしい漢字の羅列ですね。人びとの心をからめとる魅力にあふれた言葉です。しかし、漢字が立派で、その音のひびきがいくら心地よいものであったとしても、そこから結果として導かれたものは、アジアへの侵略戦争であり、湾岸戦争や大義なきイラク戦争への協力でした。漢字が瞬間把握力にすぐれ、記憶しやすく、識別が容易で、信号効果として無類の力を発揮するものであればあるほど、一面、漢字は怖い媒体であり、私たちは漢字の魔力にからめとられないよう、漢字の使われ方に警戒心をもたなければいけないと思うのですが……。

漢字にはなんの罪もないことですが、昔から漢字には悪く利用されてきた歴史があります。読めないのを見透かされ、証文にめくら判をおさせられて、財産をまきあげられたという悲劇はきいたことがありますし、今日でも契約書などでは、不都合な部分はわざと難解なちいさな漢字をつかって表記し、相手の読む気をなえさせて、半ばだました形で契約させるという手法は、私たちもしばしば経験するところです。差別・選別の手段として、漢字はとても便利な道具なのですね。漢字検定がもてはやされる昨今ですが、漢字崇拝の愚をこえて、漢字の負の側面も教えることも怠らないようにしないと、子どもたちの幸せ；日本の国の未来につながらないとおもうのです。

21　<多義語の書き分け>2

「学校へ行ったら先生の話をしっかり**きいて**[1]、わからないところがあったらはずかしがらずに先生に**ききなさい**[2]。げんきでがんばってね。」

こんなふうにお母さんにはげまされて、学校に来た人もいることでしょう。今日はお母さんのことばのなかの、二つの「**きく**」について考えてみたいと思います。

問　「先生の話をしっかりききなさい」
「わからないところは先生にききなさい」
この二つの「きく」には、どこか意味的なちがいがありますか？　ほかのことばで言いかえるとしたら、どうなりますか？

まえの「きく」は、「きき落とさないようにしなさい」ということですね。あとの「きく」は、「質問しなさい」ということですね。前のほうは、受け止めるということで受身的、あとの方は、たずねるということで能動的、という感じもしますね。でわ、この二つの「きく」を漢字で書くとき、「**聞**」という同じ漢字で書いていいでしょうか？

まえの「きく」は聞でいいとして、あとの「きく」は訊という字をつかいたい（つかうべきである）という人がいます。訊問という単語があり、訊には「問いただす」という意味があるので、「わからないことは先生に訊きなさい」と書くほうがふさわしい、というのです。共感する人もいるのではないですか？　この点だけに限ってみれば、それでいいかもしれない、という気もします。が、その論理をすすめていくと、結果として、使用する漢字をとめどなくふやすことになります。そして、それはそれで深刻な問題をひきおこします。（訊は常用漢字表外の漢字です。）

問　でわ、りょうほうを「**聞**」とかいてはほんとうにだめなのでしょうか？

訊という字も、訊問という単語もしらない、聞という漢字だけしか教わっていない小学生にとっては、「きく[1]」も「きく[2]」もそのちがいは意識できず、聞をつかうことにたぶんなんの疑問もいだかないでしょう。そして、ならった漢字はつかわなければと、ためらいもなく聞という字を書くことでしょう。漢字テストで聞とかいてもきっと先生から○をもらえますし、世間一般でもふつうはそれで通用するのではないかと思います。つまり、その程度のちいさな問題にすぎない、ということがいえるのかもしれません。なぜでしょうか？　それは、文字の任務が単語を表記することにあり、その単語の音（おん）をしめすことさえできれば、機能の大半をまっとうできるからです―（表音文字をみよ）――。　聞には公認された「きく」という音がありますから、それで十分に基本的な役目をはたせるわけです。訊、聞のどちらでも通用するというのはそういうことを意味していると思います。しょせん、当て字なのです。

聞の使用が一般化していくと、はじめは違和感をおぼえて訊を主張していた人も、しだいにそうした感覚がうすれていくだろう、と想像されます。なれてくるのですね。洋服などがさいしょ似合わないとおもっていたのに、着ているうちに、いつのまにか**なじんで**感じられてくるのと同じです。人間の意識や感覚はけっこういいかげんなもので、（というかとてもすぐれていて）適応性がたかいのでしょう。固定的でなく、**つごうよく**変化する、という面があるように思います。具体的にいうと、漢字には「つぎつぎと意味をになないこむ性質」があって、使用のなかで聞にも受身性ばかりでなく、能動的なニュアンスがすりこまれていく、と思われるのです。たとえば、下には、上下・下位・下郎・下車・下命・下策・下校・下町・下心・下手（したて）・下火・天下などの単語で、ことなった要素としての意味がやきつけられていますが――空間位置が下であること、順位などが低いこと、身分の卑しいこと、おりること、くだすこと、つたないこと、帰ること、等々――、こんなにも多面的な意味をにないこんでいる下いう文字を、私たちはふだんなんの違和感もなくつかいこなしています。それと同じように、聞も使用のなかでさまざまな意味・ニュアンスをとりこんでいくものと思われます（「**たずねる**」という意味あいもふくめて）。言語は現実を反映しますが、言語をかきうつす文字にも、それを使用する人間の意識（つまり現実といってもいいでしょう）が反映するのです。「見聞」「新聞」「聞香（ぶんこう）」（＝香を聞く）の聞には能動的な意味あいがかんじられます。

インタビューの場合を考えてみましょう。聞き手は取材対象者にいくつかの質問をぶつけます（＝訊く）。　が、それは話を聞くことが目的であり、訊くことはそのための手段という関係になる、と思います。聞くことに主眼があり、そのために訊くわけですね。とすれば、テレビやラジオでアナウンサーが「○○さんに……について、**おききしました**」というときには、「おききしました」はどう表記すべきでしょうか？　「お訊きしました」？　「お聞きしました」？　どちらですか？　こまりますね。このように、「訊く」と「聞く」は分かちがたく結びついていることが多い、と思われます。漢字というのは、便利なようでもあり、不便なようでもあり、両面をあわせもっているようです。

奥田靖雄は、「語彙的な意味のあり方」と一連の「連語論」の論文で、単語の意味は、前後の単語とのむすびつきのありかたによって「**ずれ**」＝変容をおこすことを論じています（連語の構造にしばられた意味、機能にしばられた意味、慣用的なくみあわせによる意味、形態＝語形変化にしばられた意味）。そのなかで、漢字による表記は、意味的な変容がみられる場合には、ときとして漢字につきまとっている表意性がかえってじゃまになる、ことを指摘しています。なにも漢字をつかうばかりが能ではないよ、ということでしょう。漢字の意味による使い分けをつよく主張する人が多いのですが、その論拠はあんがい脆弱であって、問題把握の弱さを露呈しているものであるかもしれません。訊くではなく、聞くでも、ぜんぜんかまわないのです。はじめに和語ありきです。たかが、あて字、されど、やっぱりあて字ですから。

22　＜漢字の多義性＞

問１　　金貨　　貯金　　合金

読んでください。意味はわかりますか？　この３つの単語には要素としての「金」がありますが、その単語における**金**の意味は何でしょうか？

左から、元素の金＝黄金、お金＝貨幣、金属をさしています。同じ文字でも、要素としての意味は異なっているのです。

でわ、おもいうかぶ 要素に**金**のある単語を あげてください。

純金　　金箔　　税金　　賞金　　金管楽器……

金言　金剛石　金殿玉楼、この場合は意味的なちがいはどうでしょうか？

すこしわかりにくいと思いますが、左から、尊い、かたい、うつくしい（豪華な）というような意味になるようです。

こんどは、上下（じょうげ）左右　下位　下郎　下車　の要素；**下**の意味を考えてください。

左から、空間位置が下（した）であること、順位などが低いこと、身分の卑しいこと、おりること、という意味ですね。やはり、文字は同じでも、要素としての意味は異なっていることがわかります。

下命、　下策、　下校、この単語における要素；**下**の意味的なちがいはどうでしょうか？

左から、くだす、つたない（へたな）、帰る、という意味になりますね。

問２　<u>**金**</u>の意味をまとめてみました。　どんなことがわかりますか？

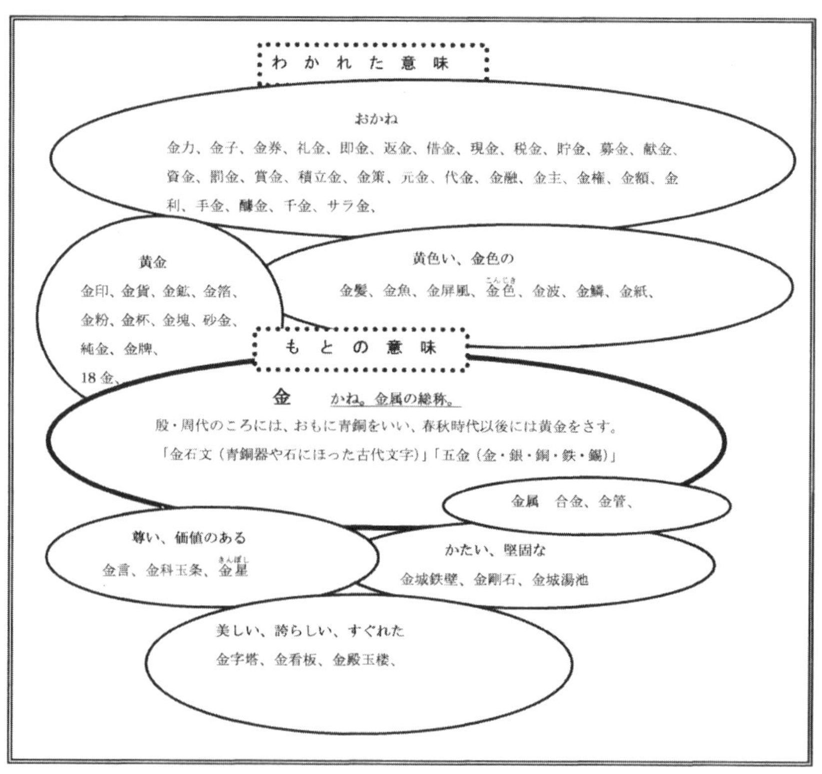

- 金の意味は、もともとは青銅をさし、後に黄金をさすようになった。
- 貨幣という意味を要素とする単語が多い。
- 金属という本来の意味を要素とする単語がすくない。
- 金という物質の属性に相応した派生的な意味がうまれている。
- 抽象的な意味は重なり合っていて、区分しにくい未分化な部分があるようだ。

参考　＊<金気（かなけ）、金物、金肥、金堂、金星（きんせい）、金玉、金隠し、金持ち、金貸し、金遣い、黄金（こがね）色、赤金（あかがね・銅）、黒金（くろがね・鉄）>

問３　これまでの学習を整理してみましょう。
みなさんはどんなことがわかりましたか？

漢字はさまざまな意味合いをもって使用されている、ということがわかりますね。ひとつ一つの漢字は、ある単語を書きあらわすために作られたものですが、言語の発展にともなって今ではたくさんの単語の構成要素としてつかわれ、多義性を帯びたものになっているのです。漢字の多義性をしると、筆順をおぼえたり、書きとりの練習をしたりというのは、漢字学習全体の比率からいえば、せいぜい２割ぐらいもので、より中心的な学習は、その漢字を要素とする単語の習得にこそあるのではないか、という思いが強くなります。それは、きっと読書によって得られるものなのでしょう。

具体的な意味をもつ単語のなかに、抽象的な意味や象徴的な意味が派生してくると、これをあらわす漢字は、多義的になります。たとえば、「金」という漢字であらわされる単語は、はじめは「金属（黄金）」という意味をもっていたのですが、その後「貨幣」という意味をももつようになったので、「金」という漢字は語源的には関係のある、これらの意味をもあらわすようになりました。このようにして、単語に派生的な意味が生じると、それを書きあらわす漢字も必然的に派生的な意味をおびてきます。今では社会的な頻度から、金銭という意味の要素をもつ単語の割合が多いことがみてとれます。漢字のなかにはたくさんの派生的な意味をもつものがありますから、その意味的な差異を理解することが大切になります。

漢字は、その単語文字という性格上、日本語の語彙的なベールを幾重にもまとっています。私たちは漢字という文字に独特のおもしろさや難しさをみいだしますが、そこには、漢字を覆っている日本語のベールにまとわりついている＜言語としてのおもしろさや難しさ＞を、＜漢字そのものの文字上の特徴＞と同一視してしまうという、必然ともいえる一面が潜んでいるような気もします。

《参考》

下瞰、下弦、下剤、下痢、下獄、下戸、下手人、下水、下地、下校、下向、下足、下馬評、上下、以下、下流、下位、下巻、下肢、下界、下段、下方、下部、下半身、部下、臣下、下人、下士、下男、下等、下婢、下品、下剋上、下層、下僚、下郎、下劣、下賤、低下、下落、下山、下馬、下車、下野、下命、下達、下問、下知、城下、管下、月下、天下、貴下、地下、却下、言下、足下、直下、門下、階下、廊下、幕下、下拙、下策、下作、下町、下心、下手に出る、下調べ、下座、下々、下がる、下げる、下る、下りる、下火になる

23 <ふりがなと漢字> 国語改革と山本有三

問 次の単語をふつうの読み方でなく、ふりがなをおぎなった特別なよみかたで読むとすれば、どんなよみが考えられますか？

彷徨 歓楽 悲哀 合図 瞬間 （うろつき、よろこび、かなしみ、サイン、とき）
偶像 運命 時間 機関 私語 （アイドル、さだめ、とき、からくり、ささやき）
記念 冥途 疲労 時候 術 （かたみ、よみじ、つかれ、ころ、てだて）
奇計・策・偽計 指揮 朋友 直接に（はかりごと、さしず、ともだち、じかに）
法則・法制・法度 生長 交際 照明 （おきて、おいたち、つきあい、あかり）
陶器 平常 目標・目的 昨夜 保つ（やきもの、いつも、めあて、ゆうべ、もつ）
集合 光輝 失敗 例の 弾丸（あつまり、かがやき、しくじり、いつもの、たま）

（今野真二『振仮名の歴史』集英社新書）

このような、一般的（通常的）な読み方からはずれた読みを書き手が期待するばあい、意図したように読んでもらおうと思えば、どうしても**ふりがな**をほどこすことが必要になります。が、現在の状況は、ふりがなが付けられないことも多く、よみは**よみ手**にゆだねられますが、その場合には当然ながら、正確さという点からは、かなりの曖昧さ・困難さをしいられます。そのため、近年､ふりがなの活用を待望する､【ふりがな有用論】ともいうべき意見が、たくさんみられるようになりました。

- ふりがな廃止は大衆に不便をもたらし、通達をさまたげる。読字力･読書力を低下させる。
- 読めまいと思うなら、ルビを使えばいいのです。子どもたちをはじめ日本語の初学者に、ルビ付きの文章を贈りましょう。ルビが付いていれば、子どもも読めてしまえます。
- 戦前においては、総ルビ文化が質の高い読書を助けていた。かつて、雑誌や読み物にはルビがふってあり、子どもでも大人が読むレベルのものを読むことができた。
- むずかしい漢字があっても、ルビがふってあれば庶民でもよめます。子ども向けの漫画には、ルビが付いています。総ルビで読めてしまえるから、子どもは漫画に手がでるのです。繰り返し読んでいくうちに、漢字の読み方も覚えていきます。総ルビ文化は、復権すべき価値のある文化です。

・ 声に出して読むためには、字の読み方がわかっている必要がある。そのためにも、ルビはどうしても必要だ。(斎藤孝『読書力』岩波新書)

・ 分厚い講談本と落語全集は、漢字がいっぱいでしたが、どの字にも平仮名がふられていたので、すらすら読めました。おもしろそうだと思いました。

(鈴木健二・元NHKアナ『今、読書が日本人を救う』グラフ社)

・ 子どもにどんな本を読ませるか？　できれば、おもしろいものに限ります。そして、ルビのついているものがよいでしょう。というのは、最終的には、本は子どもが一人でよんでいくのですから。

(工藤順一『国語のできる子どもを育てる』　講談社現代新書)

・ 読める漢字をふやすためには、教科書にでてくる「心ぱい」「せい長」「こっ折」などといった、いわゆる交ぜ書き表記を、ふりがなを活用して、早い段階から漢字表記のまま、子どもたちの目にふれさせていく配慮も大切である。

(文化審議会国語分科会報告)

・ (かつて)朝日新聞は、小新聞(市井の出来事を中心にした通俗大衆紙)で、読みやすいように全文にふりがながふってあった。

・ 敗戦後、わが国の書籍からいっせいに振り仮名がきえてしまった。おもえば、罪なことをしたものである。漢字なぞはふりがなをつけておけば、放っておいても読めるようになるのだ。(林望『日本語へそまがり講義』PHP新書)

・ ルビをつければ、曖昧さがなくなる。漢字の読みをおぼえるのに最適なルビ、われわれが漢字の読みをおぼえるのに、これほど便利、かつ効率のよい方法はほかにない。

・ 今日、印刷環境が改善されたため、労力をいとわなければ、初出漢字すべてにルビをうつという作業ができる。

(吉田武『虚数の情緒—中学生からの全方位独学法』東海大学出版会)

・ 振り仮名がさかんになっていった動きと、一部の人たちのための知識や知的なたのしみが大勢の人びとのものになっていった動きとは、完全に見あっていたといってよいだろう。すなわち、知識や知的なたのしみは、江戸後期から明治期にかけて、振り仮名という名のあの黒い虫によって、世の中へひろがっていったのである。ふりがなは、**漢字**と**かな**（＝意味）と**音**をつなぐ貴重な工夫なのだ。

（井上ひさし『私家版　日本語文法』新潮文庫）

＜この項＞インターネットサイト・田中政幸「ルビを付けよう」から

問　このように、ふりがなの復活・活用をまちのぞむ意見が数おおくみられるのですが、なかなか、現実はそのように動いていってはくれません。なぜなのでしょう？　その理由の一つに、かの有名な、山本有三の「ふりがな廃止論」の影響があるのでは？と思われるのですが、「ふりがな廃止論」とは、いったいどのようなものなのでしょうか？

……ルビを退治するといっても、ただルビを取り去っただけでは役に立ちません。それだけでは、前にも述べたように、大多数の国民は読めないものになってしまいます。大体、あのルビという、ちいさい虫が発生したのは、本文に古くさい美辞麗句や、死語にひとしい、むずかしい漢字をやたらに使ったために、そこからわき出たボーフラなのですから、あのボーフラがわかないような文章を書かなくっては、なんにもなりません。ルビをやめるということは、ふりがなを書かなくっても、だれにでも読めるような文章を書くということです。〈中略〉

……日本の知識階級はもじの上のブルジョワで、もじをたくさん所有していることから、むずかしい漢字をふんだんに使いますが、もじをもたない人のことをも、少しは考えてやらなくってはいけないと思います。自分が知っているからといって、湯水のように使い散らすことは、一種の成金趣味に類するきらいはないでしょうか。

（山本有三「この本を出版するに当たって――国語に対する一つの意見――」『戦争と二人の婦人』のあとがき）

また、山本氏は、「日本語の文章は、漢字かなまじり文ではなく、かな漢字まじり文でなければならない」と主張します。

今までのところ、現代の文章は、かな交じり文ということになっておりますが、わたくしの言うのは、かな交じり文でなく、漢字交じり文にするのです。かな交じり文ということは、漢字を主体と考えて、漢字にかなを交えてゆく書き方です。それは日本の文章として、主客を取り違えたものですから、わたくしは、かなに漢字を交えてゆくようにしたいと思うのです。

（山本有三「『ふりがな廃止論とその批判』のまえがき」）

山本有三氏の「ふりがな廃止論」の大要は、このようなものですが、ここに展開されているのは、やさしい読みやすい文章をつくりだすためには、ふりがなの廃止が手段として必要である、という方法論です。ふりがなの功罪、日本語におけるふりがなの無用性を、正面から論じたものではありません。その主張には、一種の論理的な飛躍（置き換え）がみられます。

一方で、山本氏はこうも言います。

彼ら（国民）が好んで手にするものは、いつもふりがなのついたものです。「これはやさしい。かながついているから。」などと言って、じつは相当むずかしい文章であるにもかかわらず、漢字の横にかながふってあると、安心して取りあげます。かなのもつ柔らかさが、彼らに親しみを与えるからに、相違ありません。

（山本有三「この本を出版するに当たって――国語に対する一つの意見――」）

このように、山本氏はふりがなの効用をよくわかっていて、あえてふりがなの廃止をとなえるのですが、その真意は、どこにあったのでしょうか？　そこには、世界の一流国をもって任ずる文明国である日本が、いったん書いた文章の横に、もうひとつ別の文字を二重にならべて書くというようなことをしていて、はたして今後の時代に対応してゆけるのだろうか？という、一国民（文学者）としての、素朴で良心的な懐疑があったように思われます。

「ふりがな廃止論」は、多くの国民から、山本氏もその反響の大きさにおどろくほどの共感をもって受けとめられました。それだけ、共通の問題意識をいだいていた国民が、多かったということでしょう。そのなかには、内務省警保局が「ふりがな廃止論」に呼応し、幼少年雑誌の編集者にふりがなを廃止するように、という申し渡しをおこなった、という事実もふくまれています。この点に関して、山本氏は歓迎の意をあらわしていますが、内務省警保局の思惑におよそまともなものがあったとは考えにくく、そのねらいとしたところは、深く疑ってみる必要があると思います。

やさしく、よみやすい**かな漢字まじり文へ**、という山本氏の願いは、終戦後*当用漢字表のまえがき＝注意事項に「ふりがなは原則として使わない」という一項が挿入されたことで、基本的に実現されることになりました。今日、めやすとしての漢字制限が実施され、目にする文章の多くが、ずいぶんわかりやすくなり、なかには、難解なことがらを感動的なまでにやさしく記述した記事や書物に接することも多くなっています。「ふりがな廃止論」のはたした役割は、大きなものがあったと言えます。そういう意味では、正当な評価があたえられてしかるべきでしょう。

*常用漢字表には、ふりがなについての規定はなく、まったくふれられていません。

しかしながら、そのうえで断言すれば、日本語においては、初めにみたように、ふりがなが必要不可欠であるという側面が、厳然として存在します。漢字の単語・要素文字という性格は、どうしても多様なよみを許容せざるを得ず、ふりがながない限り、正確によむことは不可能なのです。ですから、必要なルビまでがつけられないというような今日の状況は、ある面「ふりがな廃止論」の行きすぎた結果であり、ふりがなの復活・活用をもとめる声が高まるのは、当然なことだといえます。とくに、児童向けのよみものにおける、ふりがなの必要性は、非常に大きいと思います。

24　＜あわせ単語と漢字＞

「北風」「山道」「毛糸」という単語は、北と風、山と道、毛と糸という単語がくみあわさった**あわせ単語**であることは異論のないところでしょう。日本語においてはこのようなあわせ単語は日常的で例をあげることにことかきません。たとえば……色紙、革靴、鼻血、虫歯、灰皿、腕時計、石橋、風車、舟歌、稲穂、雨戸、山寺、谷川、星空、奥歯、細道、青空……など、いくらでもあげることができます。

でわ、「電車」「電話」「汽車」「貨車」「水道」「水泳」「牛肉」「牛乳」「病院」「病気」「直接」「間接」「午前」「午後」「給食」「食堂」「今週」「今夜」「歩道」「車道」「学校」「校庭」は**あわせ単語**でしょうか？　現在の学校教育ではふつう熟語といわれ、あわせ単語とよばれることは少ないようです。たしかに音韻面からみた場合にはれっきとした一単語であり、あわせ単語とよぶべきなにものもありません。しかし、これらを文字という形態的な視点からながめると、まさにふたつの漢字がくみあわさった**二字漢語**であり、あわせ単語といいたい側面が存在します。そして、じつわこの点にこそ、単語＝要素文字としての漢字を日本語の表記に同化させてきた、日本語の特異性がよこたわっているように思われます。

「北風」「山道」のばあい、「北」「風」「山」「道」という音韻は、どれも単語として日本語の語彙体系のなかに確固とした地位をしめています。ですから「北風」「山道」は文字どおりのあわせ単語ということができるでしょう（もちろん北、風、山、道は、あわせ単語のなかでは機能的には要素化しているわけですが)。しかし、「電車」「水道」では、電、車、水、道という音韻は要素そのもので、いまだ日本語のなかで単語としての地位を得ているものではありません。つまり、「電車」「水道」という単語は、単語と単語のむすびつきではなく、要素と要素がむすびついたものにすぎない‐ということができます。が、たといそうだとしても、これらをあわせ単語とみることは可能であり、またみる必要があるのではないか？と考えます（じっさい合成語・複合語ともよばれています）。そして、この点が、表記の手段として漢字を使用する日本語の、表音文字を駆使する英語などとは根本的にちがうところなのではないでしょうか？

この日本語のもつ特異性（＝聴覚よりも視覚からの理解にたよる一面）は、日本語の漢語（漢字語）の世界にひじょうに多様な側面をつくりだしてきました。漢字の音（おん）（音（おん）よみ）は中国語の発音に由来するため、大局的には漢語は要素と要素のむすびつきである、といえると思うのですが、ながい歴史のなかで、門や鉄、菊や金（きん）などのように漢字の音が和語化して日本語として定着してしまったものから、単語とまではいかないまでも要素としての意味あいが色濃くのこっているもの、それがかなりの程度にまでぼやけてしまっているもの、すっかり要素としての意味がうすれ音標文字化してしまっているもの等、さまざまな広がりを呈しています。そしてそのことがまた、漢字の造語力とあいまって、日本語の語彙の世界に独特の「ゆたかさ」をつくりだしているように思われます。

＜　中国語の単語＝音（おん）が日本語の単語に同化してしまったもの　＞

肉（にく）　運（うん）　会（かい）　門（もん）　鉄（てつ）　金（きん）　式（しき）　天（てん）　熱（ねつ）　線（せん）

面（めん）　図（ず）　表（ひょう）　賞（しょう）　角（かく）　一（いち）　十（じゅう）　百（ひゃく）　千（せん）　万（まん）

億（おく）　数（すう）　券（けん）　番（ばん）　字（じ）　礼（れい）　印（いん）　曲（きょく）　門番（もんばん）

数字（すうじ）　賞金（しょうきん）　金券（きんけん）　一番（いちばん）　図表（ずひょう）　三角（さんかく）　百万（ひゃくまん）

＜　重箱（じゅうばこ）よみや、湯桶（ゆとう）よみといわれるもの　＞

心底　書棚　札束　円高　額縁　無傷　両膝　梅酒

外税　札所　手錠　高台　黒幕

＜　要素の意味が両方ともに生きているもの　＞

土蔵　拡大　死亡　就学　動詞　悪事　飼料　白衣

黒板　彫刻　裁判　地球　血管

＜　要素の意味の片方だけが生きているもの　＞

敗北　年令　小説　改革　痛快　公布　綺麗　天井
天井　勉強　保険

＜　要素としての意味がうすれ、音標文字化してしまっているもの　＞

貿易　障子　弁当　条件　規模　景気　影響　衛生
支配　機会　経済　文化　都合　挨拶　曖昧

＜　略語といわれるもの　＞

特急　国連　日赤　労組　原爆　入試

＜　聞き慣れず、「半単語」とでもいうべきもの　＞

元夫（元の夫）　次妹　今夏　中前打　来夏　昨夏
野選　捕逸　親娘　兄妹、

＜　三字以上でつくられる漢語（漢字語）　＞

自転車旅行　海底火山　夏季休業　黄色人種　大都会
雑貨店　労働者　新学期　非常識

漢語全体を**熟語**というばくぜんとした用語でひとくくりにしては分析・整理のしようがありません。が、**あわせ単語**とみるなら不十分ながらも漢語の分類・整理が可能になります。そのため、昔から漢語の形態に着目した「合成語」「複合語」という見方が当然のことながらなされてきました。いわば日本語の世界においては、**熟語**、**複合語**というあい矛盾した術語が漢語を性格づけるものとして並行して用いられてきたわけですが、それは漢語を音韻的な側面からみた場合と視覚的な側面からみた場合の、**特質のちがいを**反映したものだといえるでしょう。そのなかの複合語という用語はあわせ単語の概念と通じるものですが、その長所は漢語の語構成の特ちょうを説明できることです。

(1) まえ要素があと要素を説明しているもの

電車　水道　銅線　校歌　車道　近所　白紙　大陸　産地

(2) あと要素がまえ要素の動作の対象や目的地などを説明しているもの

読書　登山　帰国　給食

(3) まえ要素とあと要素が対になってならんでいるもの

父母　左右　天地　大小　強弱

(4) 似た意味の要素がならんでいるもの

道路　倉庫　河川　広大　温暖　行進　上昇

(5) おなじ要素をくりかえしたもの

満々　黙々　淡々

(6) まえに打ち消しがあるもの

無知　未来　不便

「電車」「水道」「学校」などの要素がむすびついた二字漢語を、あわせ単語と位置づけるもうひとつの理由は、おなじ要素がいくつもの異なる単語の構成要素となることです。たとえば、「水」なら、水泳、水道、噴水、水分……、「電」なら、電気、電灯、電柱、発電……、「学」なら、学者、学問、博学、学園……、「室」なら、教室、入室、別室、和室、洋室、温室、暗室、寝室、浴室……などのように。この事実は、ふたつの要素の結合である、電車・水道・学校などの単語もあわせ単語であることの証明をつとめることができる、と考えるのですが、どうなのでしょう？

25　<日本人の漢字観>

これまで随所でふれてきたことですが、平均的な日本人の漢字観を、「①一面的で　②せまく　③　情緒的すぎる」と揶揄することができるのではないでしょうか？　一面的とは独善性がつよいこと、せまいとは視野の広さ・客観性に欠けること、情緒的すぎるとは美意識にかたよりすぎである、ということです。こうした漢字観を、わたしは「硬直的漢字観」とよぶのですが、以下この点について考えてみたいと思います。

①　一面的？

漢字というのはさまざまな美点をもつ、魅力にあふれたほんとうにすばらしい文字です。この点はだれも異存のないところでしょう。中国と日本には書道という芸術が存在し、愛好者がおおくいますが、それは何よりも漢字の洗練された字形の美しさに、人々が魅了されてのことでしょう。じっさい、その美は芸術とよぶにふさわしいものであり、漢字は日本文化を根底でささえるものとして、多くの国民からつよい愛着心をもって支持されています。しかし、そのゆえでしょうか？　漢字の長所をたかく評価するあまり、漢字のもつ欠点には、目をふさいでしまう傾向がみられるように思います。そして、結果的に、漢字崇拝ともいうべき独善的・一面的な漢字観が、おおくの国民のあいだに広く浸透しているように思われます。これはやむをえない必然的なことといえるのかもしれませんが、あらためて反省してみる必要があるのではないでしょうか？

②　せまい？

①とも関係しますが、問題のありかをていねいに冷静にみようとする視点・姿勢に欠けるように思います。これは、国語学者の責任に帰せられる面がけっこうあるかもしれません。というのは、漢字にかんする書物はあまた出版されているのですが、うんちくをかたむけ、知識をひけらかす類のものばかりが多く、国民に方向性・指針をあたえてくれるようなものは、ほとんど見当たりません。学者はよむ人にゆたかな知識をたくさんあたえ

て楽しませてくれるのですが、ただそれだけのことにおわっていて、国語国字問題の解決に資するような弁証法的な考察にはなかなかお目にかかれません。力がないのか、それとも言及することに、なにか躊躇（ためらい）があるのでしょうか？

このようなこともあってのことだろうと思うのですが、日本人の漢字観には、問題の所在を広く客観的にみようとする姿勢が希薄であるように感じられます。そして結果として大局をみない、小異・末節ばかりにこだわった、国粋主義的で主観的な漢字観がはびこっているように思われるのです。

③　情緒的すぎる？

日本人の氏名をすべて正しくよめるという人は、一人もいないはずです。漢字で書かれるかぎり、表音性がしめされないのですから、しょせん、それは無理な話なのです。放送局では応募ハガキに氏名へのふりがなを求めますが、それは、そうしなければ訂正にばかり追われて放送がなりたたなくなってしまうからでしょう。最近はとくにわが子への凝った名前をつけることがはやっていますから、なおさらです。人名漢字にかんするかぎり、漢字は文字としての機能を半ばうしなっている、といっても過言ではないのではないでしょうか？

漢字のよみ方だけでなく、さらにやっかいなのが文字へのこだわりです。「ひろしの字は**広**ではなく**廣**です、さいとうのさいは**斉**ではなく**齋**です」などと、どうでもいいことに異常なほどのこだわりを示す人がいますが、みていると、より難解な漢字こそが**本物**であり、やさしい字は**借りもの**；ウソの字であるというような美意識が、そこには強くはたらいているように見うけられます——非常に浅薄で幼稚な意識だと思いますが——。　しかし言うまでもなく、文字こそは私たちが毎日つかうもっとも社会的なものです。そこに、個人のちっぽけな美意識をもちこんでどうするというのでしょう？　いちばん自制し抑制的でなければならないところで、得意になって美意識をふりまわす。日本人の後進性の、極致とでもいうべきもののように思います。そして、そのあげくが、五千万件ともいわれ、いくらかかり何年かかるかのか目途さえつかない、**「ういた**年金問題」です。いいかげん目をさましても、よい頃ではないでしょうか？

くりかえしますが、漢字は個人のものではなく社会のものです。ですから、漢字を人名漢字のように、読めないものにしてしまってはなりません。そのためには、個人のけちな、吹けばとぶような美意識や言いがかりは、きっぱりと切りすてることが必要です。文化審議会国語分科会にはポリシーのある明確な言語政策を期待したい。一字＝一音一訓の原則を大切にすること、二音二訓をみとめるものは、きょくりょく限定的な少数にとどめること、それ以外の音や訓の使用には、すべてにふりがなをつけさせること、漢字制限をおこない、むやみに使用漢字をふやさないこと、やむおえず制限外の漢字をつかう場合には、必ずルビをほどこさせること、分かち書きを推奨・推進すること……等々、一定の努力をはらえば、日本人ばかりではなく、外国人でも日本語の読み書きの習得が可能であるような方向へ、抜本的な改革をうちだしてほしいとおもいます。おりしも、水村美苗さんの『日本語が亡びるとき』が出版されました。このような題名の本がだされること自体、日本人にとってはショッキングなことだとおもいますが、そうした問題意識をもつ作家がいることは、日本語がおかれている一つの状況をさししめすものといえるのではないでしょうか？

ここまで、「漢字論のこころみ」を書きながら、わたしはいつしか日本人の漢字観が、もうすこし「総合的・理性的で・ゆるやかなもの」であってほしいという思いに、焦点をさだめるようになりました。この拙稿が、その点ですこしでも役立ったらよろこびです。そして、現代日本語のより豊かな漢字論をつむぎだすために、おおくの人が「漢字論」に挑戦してくれることをのぞみます。漢字にかこまれている私たちは、ひとり一人が、それぞれの**「漢字論」**をもっているはずですから……。

参考文献

阿辻哲次『漢字のはなし』岩波ジュニア新書、2003年

一海知義『漢語の知識』岩波ジュニア新書、1981年

宇田川義明「高校での漢字指導を考える――科学的・体系的な指導を目指して――」『教育国語』2-4号、1992年

奥田靖雄「語彙的な意味のあり方」『教育国語』8号、1967年

岡田進『漢字の教え方』太郎次郎社、1979年

樺島忠夫『日本の文字』岩波新書、1979年

かねこ・ひさかず「キョウダイという単語などの漢字表記」『教育国語』86号、1986年

川口耕三郎「ますます増えてくる新出漢字の中で」『教育国語』2-4号、1992年

喜屋武政勝「完全単語文字としての漢字の指導について」『教育国語』2-4号、1992年

教科研・国語部会『にっぽんご6　語い』むぎ書房、1977年

国立国語研究所『分類語彙表』秀英出版、1964年

今野真二『振仮名の歴史』集英社新書、2009年

笹原宏之『日本の漢字』岩波新書、2006年

佐藤喜代治 編『漢字講座1　漢字とは』明治書院、1988年

白川静『漢字百話』中公新書、1978年

助川俊夫「漢字をどう教えたらよいか」『教育国語』2-5、2-6号、1992年

助川俊夫「六年生に漢字の音と訓をどうおしえたか」『教育国語』2-12号、1994年

鈴木修次『漢字』講談社現代新書、1978年

鈴木康之 編『国語国字問題の理論』むぎ書房、1977年

高島俊男『漢字と日本人』文春新書、2001年

高木一彦「漢字指導のちかごろ」『教育国語』66号、1981年

高橋太郎「漢字の体系的指導について」『教育国語』59号、1979年

武部良明「異語的同語」『日本語表記法の課題』1981年

武部良明『漢字の読み方』角川書店、1977年

田中克彦『漢字が日本語をほろぼす』角川ＳＳＣ新書2011年

築島裕『国語学』東京大学出版会、1964年

築島裕『歴史的仮名遣い』中公新書、1986 年
東京国語部会「教科書をよむ――指導要領、教科書にみる漢字指導」『教育国語』2-8 号、1993 年
藤堂明保『漢字の過去と未来』岩波新書、1982 年
徳川宗賢、宮島達夫 編『類義語辞典』東京堂出版、1972 年
内藤哲彦「漢字指導のこと(1)～(6)」『教育国語』84～89 号、1986 年～1987 年
野村雅昭「漢字にささえられた日本語」野村雅昭 編『講座　日本語の表現 2　日本語の働き』筑摩書房、1984 年
野村雅昭『漢字の未来』三元社、2008 年
文化庁『ことばシリーズ 16　漢字』文化庁、1982 年
前田富祺・野村雅昭 編『朝倉漢字講座 1』朝倉書店、2012 年
松坂忠則「当用漢字の危機」『教育国語』39 号、1974 年
松坂忠則「五百字漢字論について」『教育国語』47 号、1976 年
馬淵和夫『国語音韻論』笠間書院、1971 年
丸谷才一『日本語の世界 16　国語改革を批判する』中央公論社、1983 年
三浦つとむ『日本語はどういう言語か』講談社学術文庫、1976 年
水村美苗『日本語が亡びるとき』筑摩書房、2008 年
宮島達夫「近代日本語における漢語の位置」『教育国語』16 号、1969 年
宮島達夫「和語の漢字表記」『教育国語』23 号、1970 年
明星学園・国語部『にっぽんご 7　漢字』むぎ書房、1969 年
山田孝雄『国語の中に於ける漢語の研究』宝文館、1940 年
山本有三「この本を出版するに当たって――国語に対する一つの意見――」(『戦争と二人の婦人』のあとがき)『山本有三全集　11 巻』新潮社、1977 年
山本有三「『ふりがな廃止論とその批判』のまえがき」『山本有三全集　11 巻』新潮社、1977 年
ゆもとしょうなん「同音語の発生」『教育国語』55 号、1978 年
ゆもとしょうなん「復古主義の国語政策と国語教育――常用漢字表をめぐって――」『教育国語』65 号、1981 年

著者 紹介

斉藤 正利（さいとう まさとし）

埼玉県三郷市在住

1948 年生まれ。35 年間東京都での小学校教員を経て現在、
教科研・国語部会在籍中。

漢字論のこころみ

定価 2,000 円（税別）

発行日 2020 年 12 月 10 日

発行所　むぎ書房

〒158 -0094
東京都世田谷区玉川 1-3-19
アネックス小柳 302

TEL 03-6411-7577

FAX 03-6411-7578

URL：http://mugi.world.coocan.jp

E-mail：mugishobo@nifty.com

ISBN：978-4-8384-0109-3